藤川 浩
[著]

心理職とはどんな仕事か
公認心理師の職責

What is a professional p

創元社

はじめに

　現代社会は、経済の発展や情報通信技術の革新などもあって、日々の生活という面では少なからず便利になってきました。しかし、その一方で、格差や分断、孤立などが深まり、人々は様々な生きづらさに直面しています。心の苦しみから自ら命を絶ってしまう人も、近年、高い水準で推移しているのが現状です。

　心の問題に直面している人をどのように理解し、支援していくのかは、この社会が抱える最も重要な課題の一つといえるでしょう。

　本書は、このような心をめぐる困難に対処することを職責とする「心理職」の仕事について、専門的な内容を保ちながらも、できる限りわかりやすく解説することを目的としています。

　心理職をめぐっては、2017年に公認心理師法が全面施行され、国家資格としての「公認心理師」制度がスタートしました。

　そこで、本書では、公認心理師を目指す学生の皆さんにも活用できるよう、記載内容などに配慮しています。本書により、大学の公認心理師カリキュラムの必修科目となっている「公認心理師の職責」について、国家試験にも十分に対応できるものと思います。

　本書の構成は、まず第Ⅰ部で、心理職についてはじめて学ぶ人が理解しやすいように、心理職の仕事の実際について、教育、保健医療、福祉、司法・犯罪、産業・労働といった分野ごとに説明しました。これにより、心理職の仕事の全体的なイメージをつかんでもらえればと思います。この第Ⅰ部の内容は、文部科学省・厚生労働省が定める公認心理師となるための必要科目（以下、「公認心理師必要科目」といいます。）である「公認心理師の職責」に含まれる事項のうち「保健医療、福祉、教育その他の分野における公認心理師の具体的な業務」になります（文部科学省・厚生労働省、2017）。

i

第Ⅱ部では、そのような各心理職に共通する職責などについて、できる限り具体的に説明しました。この第Ⅱ部は、公認心理師必要科目「公認心理師の職責」に含まれる事項のうち「公認心理師の役割」、「公認心理師の法的義務及び倫理」、「心理に関する支援を要する者等の安全の確保」、「情報の適切な取扱い」、「多職種連携及び地域連携」の内容にあたります。本書を大学の教科書として使用する場合などには、この第Ⅱ部から先に学んでいくことも考えられるでしょう。

　第Ⅲ部では、心理職としての仕事に就き、その後専門家として成長するために必要と考えられる事項について解説しました。心理職は、資格を取得すれば専門的な仕事ができるという性質の職業ではありません。生涯を通じて学び続けていくことが求められているのです。この第Ⅲ部の内容は、公認心理師必要科目「公認心理師の職責」に含まれる事項のうち「自己課題発見・解決能力」、「生涯学習への準備」になります。

　なお、本書で紹介されている事例についてですが、プライバシー保護などの観点から全て創作された架空のものとなっていますので、あらかじめご理解ください。

　本書によって、心理職に対する理解が深まり、社会の生きづらさが少しでもやわらぐことにつながれば幸いです。

引用文献

文部科学省・厚生労働省（2017）．公認心理師法第7条第1号及び第2号に規定する公認心理師となるために必要な科目の確認について（平成29年9月15日付け文部科学省初等中等教育局長・厚生労働省社会・援護局障害保健福祉部長通知）（https://www.mhlw.go.jp/content/000712061.pdf）（2024年12月22日閲覧）

目　次

はじめに　i

第Ⅰ部　心理職の仕事の実際

第1章　心理職の仕事とは　3

　1　心の健康への関心の高まり　3

　2　心理職の定義　6

　3　心理職が働く分野　8

　4　心理職の役割と機能　11

第2章　心理職が働く現場①　教育分野　14

　1　ある日の心理職の仕事（スクールカウンセラー）　14

　2　教育分野とは　18

　3　教育分野では何が問題になっているのか　19

第3章　心理職が働く現場②　保健医療分野　26

　1　ある日の心理職の仕事（精神科病院の心理職）　26

　2　保健医療分野とは　29

　3　保健医療分野では何が問題になっているのか　31

第4章　心理職が働く現場③　福祉分野　37

　1　ある日の心理職の仕事（児童養護施設の心理療法担当職員）　37

　2　福祉分野とは　40

　3　福祉分野では何が問題になっているのか　42

iii

第5章　心理職が働く現場④　司法・犯罪分野　49

1　ある日の心理職の仕事（家庭裁判所調査官）　49

2　司法・犯罪分野とは　53

3　司法・犯罪分野では何が問題になっているのか　57

第6章　心理職が働く現場⑤　産業・労働分野　63

1　ある日の心理職の仕事（企業の心理カウンセラー）　63

2　産業・労働分野とは　65

3　産業・労働分野では何が問題になっているのか　68

第Ⅱ部　心理職に求められること

第7章　公認心理師とはどのような資格か　77

1　公認心理師法の成立　77

2　公認心理師の基本的な役割　80

3　公認心理師の職務内容　81

4　公認心理師資格の性質　85

5　公認心理師になるためには　86

第8章　心理職としての義務と倫理　93

1　心理職が担う義務とは　93

2　心理職が実践すべき倫理とは　98

3　多重関係　100

第9章　支援を必要とする人たちの安全を守る　103

1　要支援者等の安全の確保　103

2　危機介入とリファー　107

3　自殺予防と虐待への対応　110

目 次

　4　インフォームド・コンセント　112

第10章　情報を適切に取り扱う　115
　1　心理職が取り扱う情報とは　115
　2　秘密保持の義務　117
　3　記録化の重要性　121

第11章　地域で他の専門職と連携して働く　124
　1　なぜ多職種連携・地域連携が求められるのか　124
　2　多職種連携・地域連携の実情　128
　3　連携・協働の質を高めていくためには　135

第Ⅲ部　心理職として働きつづける

第12章　自分の課題を見つけて解決する　141
　1　心理職に求められる基本的な能力とは　141
　2　省察的実践　147
　3　心理職を目指そうとする動機について　148

第13章　心理職として成長する　151
　1　心理職としての成長とは　151
　2　スーパービジョン　161
　3　心理職として質の高い仕事をしていくために　164

参考文献　169

索　引　173

おわりに　179

【巻末資料1】 公認心理師法　181

【巻末資料2】 公認心理師法第42条第2項に係る主治の医師の指示に関する運用基準　192

第 I 部

心理職の仕事の実際

「心理職」とはどのような仕事なのでしょうか。

第Ⅰ部では、心理職について定義するとともに、教育、保健医療、福祉、司法・犯罪、産業・労働の各分野における具体的な業務について見ていくことにしましょう。

第 *1* 章

心理職の仕事とは

「心理職」とは何か。その定義をめぐっては、現在まで多くの主張があり、じつは一義的に定まっていないのが実情です。

本章では、現代社会において心理職が着目されるようになった背景などを踏まえて、心理職とは何なのかについて考えてみたいと思います。

1 心の健康への関心の高まり

近年、心理職への社会の関心は高まっており、大学の心理学関係の学部では、公認心理師資格の取得を目指す多くの学生が学んでいます。心理職が注目されるようになった背景には、どのような要因があるのでしょうか。

（1）社会病理現象の深刻化

社会は多くの課題を抱えています。その中でも、人々の生活や社会の機能に重大な影響を及ぼす深刻な問題を「社会病理現象」といいます。

現代の日本が抱えている社会病理現象の中で、深刻で早急に改善が求められているものの一つに、自殺予防の問題があります。

たとえば、日本の自殺率（人口10万人あたりの自殺者数）は、先進7か国（G7）の中で最も高く、女性の自殺率の高さは他国の2倍近いなど、きわめて重大な状況にあります（図1-1）。

その中でも対策が急がれているのは、小中学生の自殺の防止です。小中学生の自殺者数は、少子化のため子どもの数が減少しているにもかかわらず増え続

3

第Ⅰ部　心理職の仕事の実際

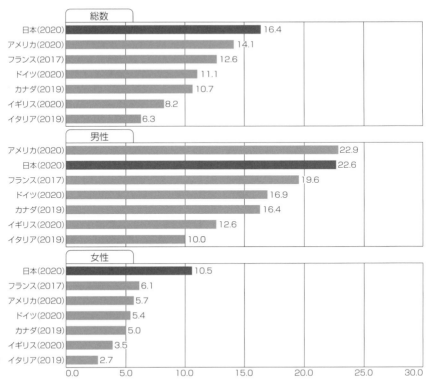

(注) アメリカ及びカナダの人口は、世界保健機関資料より最新データが得られなかったため、最新の死亡データと併せて各国の国勢調査等のデータを利用した。

資料：WHO資料（2023年2月）に基づき、厚生労働省社会・援護局作成

図1-1　G7各国の自殺死亡率

(出典) 厚生労働省（2024）

けているのです（厚生労働省、2024）。

　まだ成長途上にありながら、自らの意思で命を絶つに至ってしまった一人ひとりの子どもたちのことを考えると、この問題の深刻さと対策の重要性をあらためて認識させられます。

　また、児童虐待の増加も、日本における深刻な社会病理現象の一つとなっています。児童相談所に寄せられる虐待相談件数は毎年増え続けており（こども

家庭庁、2024a）、この間、様々な対応策が講じられているにもかかわらず、今もなお毎年70人前後の子どもたちが心中を含む虐待を受けて命を失ってしまっています（こども家庭庁、2024b）。

さらには、学校内でのいじめの増加（第2章）、家庭内暴力（ドメスティック・バイオレンス（DV））の増加、薬物非行に走る子どもたちの増加（第5章）など、現代の日本社会は、多くの深刻な社会病理現象に直面しています。そして、こうした社会病理現象の原因の一つとして、心の問題が影響していることが指摘されているのです。

（2）精神疾患者数の増加

人々の心の問題を直接的に示しているのが、精神疾患を患う方々の人数です。日本の精神疾患者数（外来患者数）は、近年、人口全体が減少する中でも増加を続けています（厚生労働省、2024）。

精神疾患をめぐっては、発病してから治療を開始するまでの期間が短いほど予後がよいとされています。したがって、早期に治療につなげるという意味では、外来患者数の増加は必ずしも悪いことではないのかもしれません。しかし、この増加の背景に、心の病に苦しむ人の数それ自体が増えていることがあるとしたら、大きな課題であるというべきでしょう。

（3）「生きる意味」への問いかけ

現代社会は、人々の価値観が多様化しています。

過去に遡ると、江戸時代には士農工商という身分に応じた社会規範が、第二次世界大戦までは富国強兵、軍国主義といった国全体の価値観が、敗戦後は経済的発展を目指した高度成長時代の生活様式などがありました。個々人のレベルで見ると、そこには様々な生き方があったのでしょうが、社会全体としては一定程度「共通の価値観」があり、人々は最終的にはそれに基づいて安心して行動することができていたと考えられます。

他方、現代社会には、そうした共通の価値観はもはや存在していないようで

第Ⅰ部 心理職の仕事の実際

す。人々は、完全ではないにせよ、それぞれの価値観に従って行動することができるようになっています。

価値観の多様化は、社会の進歩の証ともいえます。しかし、これは同時に、人々がそれぞれに「生きる意味」を見出していかなければならないことを示しています。社会の共通の価値観に全面的に安心して寄り掛かることは許されておらず、生きる意味を見失ってしまう、ということが容易に起こり得る状況が生まれてきているようです。先に見た自殺の増加の背景にも、このような要因が何らかの形で影響しているのかもしれません。

以上のように、近年、人々は様々な心の問題に直面しています。そして、心の健康を維持し、増進させていくために、心理職に対する社会の期待が高まっていると見ることができるのではないかと考えられます。

2 心理職の定義

本書においては、心理職について、「心理学の知見等を活用して心の問題に対処することを職責とする専門職」と定義します。

前述のとおり、心理職の定義をめぐってはこれまで様々な議論があり、一義的には定まっていません。それとともに、心理職に関する資格や呼称についても、公認心理師、臨床心理士、心理師、心理士、心理臨床家、カウンセラーなど、多くのものが用いられているのが現状となっています（表1－1）。

また、実際に心理職として働いている専門家の経験や経歴を見ても、大変幅広いものとなっています。博士号を有し、海外の著名な研究機関で長期間の教育分析を受けたような心理臨床家から、心理職としての臨床経験が比較的少なく、公認心理師法施行直後の現任者講習を受講して公認心理師資格を取得した人まで、同じ心理職として働いています。

さらに、心理職の周辺にある仕事について見ていくと、様々な宗教家、祈祷者、占い師、実証的な根拠のない治療法等に携わるいわゆるセラピストやカウンセラーなど、人々の心の問題に取り組み、その救済や治療、支援などにあたっ

第1章　心理職の仕事とは

表1−1　心理職の分類

	種別	資格名	職名・呼称
心理職	国家資格	公認心理師	【法令、通知等に根拠がある職名】 スクールカウンセラー 児童心理司
	民間資格	臨床心理士 学校心理士 （准学校心理士） 臨床発達心理士 特別支援教育士 カウンセリング心理士 産業カウンセラー 認定心理士 精神分析家 認定心理療法士 その他の学会および学会関連団体が認定する資格 その他の民間団体が認定する資格など	児童福祉司 心理療法担当職員 心理指導担当職員 家庭裁判所調査官（補） 法務技官（心理） 保護観察官 臨床心理技術者 心理相談員　　　　など 【呼称】 心理師（公認心理師のみ） 心理士 心理職 心理療法士 心理臨床家 セラピスト カウンセラー 心理カウンセラー
	特段の資格を有さない		精神分析家 心理専門職 心理支援員 心理判定員　　　　など

ている多くの職業が存在しています。心理職の仕事は、このような職業と、何がどのように異なるのでしょうか。

　そこで、本書では、心理職の臨床経験の多様性を無理なく包括し、また、心理職の周辺領域の職業とも明確に区別するために、さらに、これまで述べてきた心の健康の保持増進に対する現代社会の期待にも応えていくといった観点も踏まえて、心理職について、広く一般的に使用されている意味に従って「心理学の知見等を活用する専門職」として定義することにしたいと思います。

　なお、ここでいう「心理学」とは、実証的な根拠に基づいて人の心を探求す

7

る科学的な学問としての心理学（エビデンスベイスト・アプローチ）を指している
ことに注意が必要です。すなわち、現実に人々の心の救済や治療、支援などに
取り組んでいる多くの仕事のうち、実証的な心理学の知見に基づいて活動して
いる専門職だけを「心理職」と呼ぶことになります。

　このような心理職は、一般に、表1−1のように分類されます。

　また、心理職の支援を受ける人についても、クライエント、来談者、患者、
相談者、児童、生徒など多様な用語が用いられており、心理職という言葉と同
様に、それぞれ多様な意味で使用されています。

　そこで、本書では、第7章以下で説明する公認心理師法に倣って、心理職の
支援を受ける全ての人について、支援を要する人やその関係者も含めて「要支
援者等」と呼ぶことにします。

　また、これと同様に、心理職が携わっている多様な活動（心理アセスメント、
心理支援、関係者支援、心の健康教育など。第7章参照）についても、それら全ての
活動を含むものとして、「心理的支援業務」と定義して説明していきたいと思
います。

　その際、第7章で説明する公認心理師の業務の一つとしての「心理支援」と
の違いに留意してください。「心理支援」という用語が、心理職の活動のうち
心理面接を中心とする要支援者等に対する直接的な働きかけのことを表して
いるのに対し、「心理的支援業務」という用語は、その心理支援を含む活動、
すなわち、心理アセスメントや多職種との連携、予防的な心理教育なども含ん
だ心理職が携わる全ての活動を意味していることになります。

3　心理職が働く分野

　心理職は多様な分野で仕事に従事しています。それぞれの具体的な仕事内容
については第2章以下で説明しますが、ここでは、その前提として、心理職の
全体について概観しておきましょう。

第1章　心理職の仕事とは

表1-2　心理職の活動分野

区　分	分　野	主な勤務機関
主要5分野	①保健医療分野	病院、一般診療所、保健所（保健センター）、精神保健福祉センター、介護老人保健施設　など
	②福祉分野	児童相談所、子育て世代包括支援センター、各種の児童福祉施設（乳児院、児童養護施設、児童心理治療施設、児童自立支援施設、児童発達支援センター、障害児入所施設等）、女性相談支援センター、障害児通所支援事業所、地域包括支援センター、老人福祉センター　など
	③教育分野	各種の学校、教育委員会、教育相談機関、民間の各種教育機関　など
	④司法・犯罪分野	裁判所、法務省の矯正保護機関、警察、科学捜査研究所、児童相談所、児童自立支援施設、犯罪被害者相談センター　など
	⑤産業・労働分野	企業内の健康管理・相談室、企業外の健康管理・相談室、ハローワーク、障害者職業センター　など
⑥私設心理相談室等の分野		私設の心理相談室、大学等付属の心理相談、大学、大学院、各種の研究所 以上に分類できない組織・団体等　など

（1）主要5分野＋1分野とは

　心理職の仕事の分野は、その性質から、主に表1-2の六つに分類されます。心理職の仕事は多様であり、全てがこのいずれかに属するというわけではありませんが、この分類は、公認心理師の養成課程で用いられるなど、一般的なものとなっています。

　このように、心理職は多様な領域で活動していますが、これら六つの分野にどのような割合で所属しているのでしょうか。

　心理職のうち公認心理師について、分野ごとの所属率は図1-2のとおりとなっています。教育分野、保健医療分野、福祉分野がそれぞれ全体の4分の1前後の人数を占めており、司法・犯罪分野、産業・労働分野、私設心理相談室分野がその余となっています。

第Ⅰ部　心理職の仕事の実際

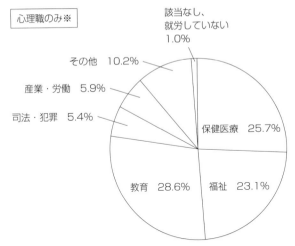

▷現在の雇用先機関のうち、主たる勤務先を1つ選択
※有効回答数 38,827 のうち「心理に関する職種として雇用され、心理的支援業務に従事している職場がある」を回答した者を抽出
＊有効回答数 22,307
出典：令和5年度公認心理師活動状況等調査（公認心理師試験研修センター）

図1-2　公認心理師の主たる勤務先
（出典）文部科学省・厚生労働省（2024）

（2）主要5分野について

　以上のように、心理職の職域は、主要5分野とそれ以外の私設心理相談室等の分野に分類されますが、その理由について触れておきます。
　主要5分野が規定されているのは、前述のとおり大学及び大学院における公認心理師の養成課程においてです。そこでは、主要5分野について、大学及び大学院において必要とされる実習及びその時間などが文部科学省及び厚生労働省の通知（文部科学省・厚生労働省、2017）によって規律されています。
　このように主要5分野における実習が重視されているのは、第11章で説明するように、公認心理師の活動においては、多職種との協働や地域での連携が重要であることを反映しているためと考えられます。

ただし、実際の大学院での実習は、主要5分野のみで行われるのではありません。その大半は、大学に付設されている心理相談室などの内部実習機関、すなわち私設心理相談室において実施されています。

同様に、実際の心理職の活動も、主要5分野に加えて、多くの私設心理相談室で実践されているのです。

4　心理職の役割と機能

心理職がどのような役割を担い、どう機能しているのかについては、心理職に共通する部分と、各分野に特有の部分とがあります。両者を矛盾なく理解し、実践していくことが重要となりますが、じつは簡単なことではありません。

（1）心理職に共通する役割と機能

現代社会において、心の問題に対処する仕事は大変多くあります。宗教、占い、霊媒などをはじめとして、様々なスピリチュアルな営みが存在します。

心理職は、広い意味ではこれらと同様に、人々の心の問題への対処を目的としますが、その方法論において、現代に確立された心理学という実証科学の手法によって得られた合理的な知見に基づいて支援を行う、という特徴を持っています。

すなわち、心理職は、さきに定義したように、「心理学の知見等を活用して心の問題に対処することを職責とする専門職」であり、この点において、心理職以外の営みとは明確に区別されるのです。

このような心理職に共通して認められる役割と機能としては次のようなものが考えられます。

①心理学の知見に基づいた技術によって心理的支援業務を行う職種であること。

②人々の心の健康の維持、増進に寄与する職種であること。

③専門職としてのコンピテンシー（行動特性と職務遂行能力）を共有し、その修

第Ⅰ部　心理職の仕事の実際

得に努めている職種であること。

④専門職としての倫理基準を共有し、その実践に努めている職種であること。

　これらの具体的な内容については、第Ⅱ部及び第Ⅲ部において解説します。

（2）各所属機関に特有の役割と機能

　心理職には、以上の共通する役割と機能に加えて、それぞれが所属する機関や分野に特有の役割と機能があります。実際に仕事をする上では、これらが大変重要であり、入職直後から組織内で様々な教育を受けながら身に付けていくことになります。

　各所属機関に特有の役割と機能は、主に次のようなものによって規定されています。

①各機関の組織目標

②各機関を規律する法律、規則、通達、運用ルールの内容とその中における心理職の位置付け

③各機関の組織や職種の構成とその中における心理職の位置付け

④各機関の組織風土やコミュニケーション、人間関係などの在り方

　組織内で心理職として働くためには、以上の心理職に共通する役割機能と各所属機関に特有の役割機能とを同時に身に付け、実践していくことが大切になります。

　この両者については、心の健康の維持増進に寄与するという観点から、基本的には同じ方向にあるはずですが、ある場面では、両者が異なる向きを指し示し、相互に対立してしまうようなことも起こり得ます。この点は、組織内で心理職として仕事をする上で、常に問題とされる課題となっているのです。

　そのことも含めて、各所属機関に特有の役割機能の具体的内容については、以下の第2章から第6章において具体的に見ていくことにしましょう。

引用文献

こども家庭庁（2024a）．令和4年度 児童相談所における児童虐待相談対応件数（https://www.cfa.go.jp/assets/contents/node/basic_page/field_ref_resources/a176de99-390e-4065-a7fb-fe569ab2450c/b45f9c53/20240926_policies_jidougyakutai_26.pdf）（2024年12月22日閲覧）

こども家庭庁（2024b）．こども虐待による死亡事例等の検証結果等について（こども家庭審議会児童虐待防止対策部会児童虐待等要保護事例の検証に関する専門委員会第20次報告）（https://www.cfa.go.jp/assets/contents/node/basic_page/field_ref_resources/0ce6ac80-4576-40d3-a394-7efa5c0037fb/6af2260f/20241101_councils_shingikai_gyakutai_boushi_hogojirei_20-houkoku_23.pdf）（2024年12月22日閲覧）

厚生労働省（2024）．令和6年版厚生労働白書――こころの健康と向き合い、健やかに暮らすことのできる社会に　日経印刷

文部科学省・厚生労働省（2017）．公認心理師法第7条第1号及び第2号に規定する公認心理師となるために必要な科目の確認について（平成29年9月15日付け文部科学省初等中等教育局長・厚生労働省社会・援護局障害保健福祉部長通知）（https://www.mhlw.go.jp/content/000712061.pdf）（2024年12月22日閲覧）

文部科学省・厚生労働省（2024）．公認心理師法附則第5条に基づく対応について（令和6年7月）（https://www.mhlw.go.jp/content/12201000/001271107.pdf）（2024年12月22日閲覧）

日本心理研修センター（現　公認心理師試験研修センター）（2024）．令和5年度公認心理師活動状況等調査報告書〔最終版〕（令和6（2024）年3月）（https://www.jccpp.or.jp/download/pdf/R5_konin_shinrishi_katsudo_joukyoutou_chosa_hokokusho_saisyu.pdf）（2024年12月31日閲覧）

第Ⅰ部　心理職の仕事の実際

第2章

心理職が働く現場①　教育分野

　教育分野で働く心理職は、公認心理師全体の約 28.6% を占めており（第1章）、主要5分野の中で最も多くの心理職が働いていることになります。この分野の心理職の多くは、各種の学校においてスクールカウンセラーとして心理的支援業務に従事しています。

　そこで、本章では、スクールカウンセラーとして働いている心理職の現場について取り上げたいと思います。

　なお、本章以下で紹介する心理職の仕事の実際は、あくまでも一つの架空事例として作成されたものです。また、現実の仕事の内容は、同じ職種であったとしても、それぞれが所属している各職場などによって大きく異なっていますので、あらかじめ理解しておいてください。

1　ある日の心理職の仕事（スクールカウンセラー）

　公立中学校にスクールカウンセラーとして勤務するＡさんの一日を見てみましょう。

　Ａさんは、二つの公立中学校にそれぞれ毎週1日ずつ勤務しています。勤務時間は、午前8時頃から午後5時頃までの休憩時間を除く7時間45分間です。身分は、都道府県教育委員会の会計年度任用職員であり、いわゆる非常勤になります。1年更新のため毎年任用手続きがとられますが、一定の期間は簡易な手続きで任用が継続されます。

14

第2章　心理職が働く現場①　教育分野

　Aさんは、登校すると、職員室での朝会（あさかい）に出席します。中学校では一般にこのような短いミーティングが持たれており、その日の予定などについて全員で情報を共有したり、校内で起きた様々な問題について簡単に意見交換をしたりしています。Aさんは、あらかじめその日の面接予定の一覧表を作成しておき、各学年の学年主任に配布してその日のスクールカウンセラーの予定を伝達しています。

　学校では時間割が決められているため、スクールカウンセラーの仕事も基本的に時間割に従って進められます。Aさんの今日の予定は次のようになっています。

　授業前：朝会に出席

　1校時：不登校の女子生徒Bさんと面接

　2校時：校内委員会に出席

　3校時：不登校の男子生徒の母親Cさんと面接

　4校時：不登校の女子生徒Dさん、Eさん、男子生徒Fさんと面接

　昼休み：相談室を開放

　5校時：多動傾向の男子生徒Gさんの授業を見学、その後、記録の作成

　6校時：特別支援学級の生徒に心理教育の授業

　放課後：家庭の問題で悩みを抱えている男子生徒Hさんと面接

　　　　　その後、その日の面接結果について教員と情報共有、記録の作成

　1校時の1年生Bさんは、小学生の頃から不登校状態にありました。小学校との事前の情報共有により、入学当初からスクールカウンセラーが関与しています。入学当初はがんばって登校できていたのですが、やがて徐々に休みがちになってしまいました。毎週、朝の1校時を面接時間にあて、登校できるようであれば登校してそのままスクールカウンセラーとの面接を行うことにしています。3週間に1日程度は登校することができていますが、まだそのまま教室に入ることは難しいようです。面接では、Bさんの気持ちを丹念に聴いていく中で、Bさんの登校が難しくなってしまった心のメカニズムについて見立てを

15

立てていきます。そして、それを踏まえて、登校へのハードルが少しでも下がるよう働きかけを行います。

2校時の校内委員会は、特別支援教育コーディネーターの教員が主催し、副校長、各学年の学年主任、養護教諭、スクールカウンセラーなどが出席します。発達障害などの課題を抱えた生徒を支援するための特別支援教育を推進するために開催されますが、同時に、不登校や問題行動を伴う生徒についても情報交換や意見交換が行われます。こうした教員だけでない複数の学校スタッフが協力して課題に取り組むことは「チーム支援」とも呼ばれ、2022年に改定された「生徒指導提要」でもその方向性が示されています。発言は活発で真剣な議論が重ねられます。ただ、対象となる生徒があまりに多数であるため、毎回時間が足りないのが実情です。

3校時は、不登校生徒の母親Cさんとの面接です。Cさん自身に発達上の課題が認められるため、その影響で登校が難しくなっているものと見受けられます。Cさんから生徒との接し方などの相談を受ける中で、親子関係の調整を図っています。

4校時は、不登校傾向が顕著な3人の3年生との面接です。このうち2人は、いわゆる昼休み登校ができている生徒で、スクールカウンセラーとの面接後に別室で給食をとり、その日の体調次第で引き続き教室で授業を受けたりしています。勤務している中学校には、教室には入れないものの、登校自体は可能である生徒のための「校内教育支援センター」のような施設がまだ整備されていないこともあって、昼休みに相談室を開放するなどして不登校生徒の居場所としての機能も果たすようにしています。

5校時は、面接のない空き時間でした。かねてから担任教諭から相談を受けていた多動傾向が顕著なGさんの授業見学を行ったり、毎月発行しているカウンセリングルームの広報誌を作成したり、校長に提出するその日の面接結果報告書を作成したりしました。

6校時は、体育館に併設されている多目的室で、特別支援学級の1年生から3年生全員に、心理的に困った時のSOSの出し方に関する授業を行いました。

こうした活動は、「心理教育」と呼ばれ、スクールカウンセラーの仕事の一つとなっています（第7章）。

放課後は、専ら生徒との面接時間にあてられます。この日は、家庭問題に悩んでいる2年生の男子生徒Hさんと面接しました。Aさんは、守秘義務とその例外（第10章）などのカウンセリングの枠組みを説明した上で面接を始めます。

Hさんは母子2人の家庭で、これまで事情があって頻繁に転居と転校を繰り返しており、本校にも最近になって転校してきています。思いつめた様子で、口数は少ないものの、面接を進めるに従って、少しずつ今の状況について話してくれます。2週間前、母親が突然に家出をしてしまい、アパートには食べるものもなくなり、給食だけで食事をとっていること。気持ちが落ち込み、消えてしまいたいという思いから自分を傷つけずにはいられなくなっていること。Hさんは、涙を流しながらぽつりぽつりと語ります。これまでも同じようなことがあって、児童相談所に保護されたこともあったようです。

Hさんは、このことを学校の先生には絶対に話してほしくないと強く訴えます。再び児童相談所に保護されたり、母親が帰宅した時に厳しく叱責されたりするのが怖いと言うのです。

Aさんは、Hさんに対し、Hさん自身を守るために学校で情報を共有することが大切であること、また、学校の判断で専門機関に連絡する可能性があることを繰り返し優しく語りかけます。最初はかたくなに拒んでいたHさんにも、AさんがHさんのことを本当に考えていることが伝わってきたようで、最後には、大人の人たちが自分のことを考えて対応するのであれば、それも仕方ないと思うと話してくれました。

Aさんは、すぐに養護教諭と連絡をとり、Hさんに保健室で待機してもらうとともに、校長、副校長に報告しました。そして、校長の指示に基づいて、学年主任の教諭が児童相談所への通告を視野にいれて市町村の児童家庭支援センターに連絡し、その日のうちに同センターから職員が派遣されてくることになりました。

第Ⅰ部　心理職の仕事の実際

2　教育分野とは

　教育分野とはどのような分野であり、どのような特徴があるのでしょうか。また、心理職は、この分野でどのように働いているのでしょうか。

（1）教育分野の定義
　教育とは、教え育てることを意味しており、ある知識、技能、規範などを身に付けるための活動のことをいいます。教育については様々な観点から分類されていますが、単純に専ら行われている場所の面から区分すると、次のようになります。

①学校における教育（学校教育）

②家庭における教育（家庭教育）

③職場における教育（職業教育）

④これら以外の地域などで行われる教育（社会教育）

　このように教育は、ある時期に学校だけで行われているのではありません。全ての人にとって、生涯にわたる幅広い活動のことであるということを理解しておくことが大切になります。

（2）教育分野の制度の概要
　教育分野の特徴は、小・中学校における義務教育からもわかるように、国が組織的に実施しているということにあります。このため、教育の目的や方針、学校、教育委員会等の組織や運営、教育内容など、教育の基本的な事項については、法律や通知などによって明確に示されています。

　このうち、教育分野に関する主な法令等は、次のとおりです。心理職として教育分野で働く際には、これらの法令等をよく理解しておく必要があります。

【法律】

○教育基本法

第2章 心理職が働く現場① 教育分野

表2-1 教育分野の主な心理職

区　分	勤務先機関	心理職の職名・呼称
小中高等学校	小学校・中学校・高等学校・特別支援学校など	スクールカウンセラー（SC）
教育委員会地方自治体	教育相談所・教育支援センター・適応指導教室など	カウンセラー・相談員・スーパーバイザー・行政職員など
	教育委員会・市区町村役場など	
高等教育機関	大学・高等専門学校などの学生相談室・保健管理センターなど	カウンセラー・相談員など
民間の教育・保育施設	専門学校・予備校などの学生相談室など	
	学童保育所・放課後児童クラブなど	相談員・指導員など

○学校教育法

○学校保健安全法

○義務教育の段階における普通教育に相当する教育の機会の確保等に関する法律（教育機会確保法）

○いじめ防止対策推進法

【文部科学省作成の基本書】

○生徒指導提要

○学習指導要領

（3）教育分野で働く心理職

　教育分野で働く心理職が所属する機関や職名・呼称は、表2-1のとおりです。このうち小・中・高等学校のスクールカウンセラーが心理職の多数を占めています。

3　教育分野では何が問題になっているのか

　近年、不登校、いじめ、自殺、学力の低下、教員の過重労働と成り手不足など、教育分野に関する問題は山積しており、そのことが頻繁に報道されるなど、

第Ⅰ部　心理職の仕事の実際

表2-2　文部科学省における「不登校」などの定義

長期欠席者	年度間に30日以上欠席した児童生徒
不登校	「長期欠席者」のうち、何らかの心理的、情緒的、身体的、あるいは社会的要因・背景により、児童生徒が登校しないあるいはしたくともできない状況にある者（ただし、「病気」や「経済的理由」による者を除く。）

（出典）文部科学省（2024b）（一部改変）

国民からも強い関心が持たれています。

　ここでは、スクールカウンセラーを中心に、教育分野における課題と心理職に求められている役割などについて見ていきましょう。

（1）教育分野における課題
①不登校
　文部科学省は、毎年、全国の小・中・高等学校および教育委員会を対象として、児童生徒の問題行動や不登校等について調査を行い、その結果を公表しています（文部科学省、2024b）。

　この調査において不登校などは、表2-2のように定義されています。

　不登校の人数は毎年増加を続けており、2023年度の小・中学校における不登校児童生徒数は、図2-1のとおり346,482人（前年度299,048人）と過去最多になっています。また、在籍児童生徒に占める不登校児童生徒の割合も、3.7%（前年度3.2%）に達しています（文部科学省、2024a）。

　不登校の児童生徒への支援においては、単純に学校に登校できるようにするという結果だけを目標にするのではありません。学校に通わないことで、心身を休めたり、自分を見つめ直したりといった積極的な意義がある場合も少なくないのです。登校できない児童生徒に求められているのは、自分自身の進路を主体的に考え、社会的に自立することを目指すことができるよう支援していくことです。

　不登校の児童生徒にとって重要な課題の一つは、学校に通えないことによっ

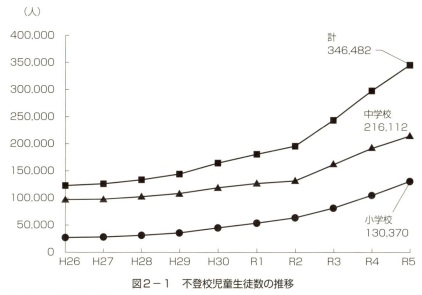

図2-1　不登校児童生徒数の推移

(出典) 文部科学省 (2024a)

て教育機会が失われかねないといった問題です。このため、2017年には、「義務教育の段階における普通教育に相当する機会の確保等に関する法律」が施行され、不登校の児童生徒の支援に向けた施策が推し進められています。

　また、小・中・高等学校においては、2019年に文部科学省から通知が発せられ、一定の要件を満たす場合には、学校外の施設において相談・指導を受けた日数を指導要録上出席扱いとできることとされ、さらに、2024年には学校教育法施行規則が一部改正され、義務教育段階の不登校の児童生徒について成績評価を行うにあたっては、文部科学省が定める要件のもとで欠席中に行った学習の成果を考慮することができることが法令上明記されました。

　心理職として不登校の児童生徒の支援にあたる場合には、このような教育施策の動向について十分に理解しておく必要があります。

第Ⅰ部　心理職の仕事の実際

表2-3　文部科学省における「いじめ」の定義

> 　児童生徒に対して、当該児童生徒が在籍する学校に在籍している等当該児童生徒と一定の人的関係のある他の児童生徒が行う心理的又は物理的な影響を与える行為（インターネットを通じて行われるものを含む。）であって、当該行為の対象となった児童生徒が心身の苦痛を感じているもの。なお、起こった場所は学校の内外を問わない。
> 　個々の行為が「いじめ」に当たるか否かの判断は、表面的・形式的に行うことなく、いじめられた児童生徒の立場に立って行うものとする。

（出典）文部科学省（2024b）（一部改変）

②いじめ

「いじめ」をめぐっては、これをどのように定義するのかといった問題があります。文部科学省の定義もこれまでいくつかの変遷があり、現在は表2-3のように定義されています。

いじめは、被害者の心にきわめて深刻な影響を与え、深刻なケースでは死にも追い込んでしまうようなけっして許されない行為です。2013年には、いじめ防止対策の基本的な方針を定めた「いじめ防止対策推進法」が成立、施行されるなど、国もこの問題に重点的に取り組んできました。

しかし、小・中・高等学校および特別支援学校におけるいじめの認知件数は増加を続けており、2023年度には、732,568件（前年度681,948件）に達して過去最多となるなど、依然として深刻な状況が続いています（文部科学省、2024a）。

③自殺予防

小中学生の自殺者数の増加が大きな問題となっており、これに対する対策が急務となっていることは、第1章で説明したとおりです。

④特別支援教育の対象となる児童生徒への対応

特別支援教育とは、障害のある児童生徒を対象とし、その自立や社会参加に向けた主体的な取組みを支援するという視点に立った教育のことをいいます（文部科学省HP）。

22

第2章　心理職が働く現場①　教育分野

　文部科学省においては、児童生徒一人ひとりの教育的ニーズに的確に応える指導を提供できるようにするために、「通常の学級」、「通級による指導」、「特別支援学級」、「特別支援学校」といった多様な学びの場の整備が進められています（文部科学省HP）。

　また、近年は、障害のある児童生徒と障害のない児童生徒が可能な限り共に学ぶための環境の整備をはじめ、よりインクルーシブな社会の実現に向けた施策等の充実が目指されています（文部科学省HP）。

　教育分野で働く心理職には、こうした発達障害をはじめとする障害のある児童生徒に対する特別支援教育のシステムを十分に理解し、子どもたち一人ひとりの個別具体的な問題性に応じた適切な心理支援などを行っていくことが求められています。

（2）教育分野の心理職に求められているもの

　教育分野の心理職として要支援者等の心理的支援業務を行っていく際には、次のようなこの分野に特有の課題に留意する必要があります。

①チーム学校の一員としての働き

　現在、学校においては、「チーム学校」という取組みが進められています。チーム学校とは、「校長のリーダーシップの下、カリキュラム、日々の教育活動、学校の資源が一体的にマネジメントされ、教職員や学校内の多様な人材が、それぞれの専門性を生かして能力を発揮し、子供たちに必要な資質・能力を確実に身に付けさせることができる学校」と定義されます（中央教育審議会、2015）。2022年に改訂された生徒指導提要においても、この方向性が明確に示されており、スクールカウンセラーも学校組織の一員としてこれに積極的に携わっていく必要があります。

②心理職の専門性に基づく的確なアセスメント

　近年の学校の抱える問題の複雑多様化に対応して、近年、学校には、スクー

ルカウンセラー、スクールソーシャルワーカー、巡回相談員、特別支援教育コーディネーター、不登校対策支援員など、多くの支援担当者が参画するようになっています。その中にあって、心理職が、ほかの職種にはない独自の専門性に基づいて児童生徒を的確にアセスメントし、問題の克服に向けた心理支援（スクールカウンセリング）を行っていくということが大変重要になってきています。

③予防的な取組みの充実

　2022年に改訂された生徒指導提要のもう一つの大きな特徴には、常態的・先行的な生徒指導について示されているということがあります。すなわち、生徒指導の構造について、時間軸に対応した「常態的・先行的（プロアクティブ）生徒指導」「即応的・継続的（リアクティブ）生徒指導」という二つの軸と、生徒指導の課題性と課題への対応の種類から分類した「発達支持的生徒指導」「課題予防的生徒指導」「困難課題対応的生徒指導」といった三つの類と、対象となる児童生徒の範囲に対応した「発達支持的生徒指導」「課題未然防止教育」「課題早期発見対応」「困難課題対応的生徒指導」といった四つの層とからなる「2軸3類4層構造」が示されました（図2-2）。そして、課題発生を未然に防止するための取組として、スクールカウンセラーなどの協力による教育プログラムの実践の重要性が指摘され（文部科学省、2022）、それに伴って、心理職への期待も大きくなっています（第7章）。

図2-2　生徒指導における2軸3類4層構造
（出典）文部科学省（2022）をもとに作成

第2章　心理職が働く現場①　教育分野

④一人職場における自己研鑽

　スクールカウンセラーの多くが一人職場で働いています。とくに資格取得後間もない心理職にとっては、心理職として成長していく上で困難を伴う職場であるということができるかと思われます。都道府県や市町村の教育委員会による研修が実施されたり、臨床心理士会などの職能団体による研修会が開催されたりしていますが、心理職が複数配置され、日常的に助言、指導を受けることのできるような職場に比べると、専門的技能を高めていくといった面ではハンディキャップがあるといわざるを得ません。このため、そうした職場環境にある心理職には、意識的に研修の機会を活用するなど、積極的な自己研鑽が求められています（第12章、第13章）。

引用文献

中央教育審議会（2015）．チームとしての学校の在り方と今後の改善方策について（答申）（中教審第185号）（https://www.mext.go.jp/b_menu/shingi/chukyo/chukyo0/toushin/__icsFiles/afieldfile/2016/02/05/1365657_00.pdf）（2024年12月22日閲覧）

文部科学省HP　特別支援教育（https://www.mext.go.jp/a_menu/01_m.htm）（2025年1月30日閲覧）

文部科学省（2019）．不登校児童生徒への支援の在り方について（令和元年10月25日付け文部科学省初等中等教育局長通知）（https://www.mext.go.jp/a_menu/shotou/seitoshidou/1422155.htm）（2024年12月22日閲覧）

文部科学省（2022）．生徒指導提要　東洋館出版社

文部科学省（2024a）．令和5年度 児童生徒の問題行動・不登校等生徒指導上の諸課題に関する調査結果の概要（https://www.mext.go.jp/content/20241031-mxt_jidou02-100002753_2_2.pdf）（2024年12月20日閲覧）

文部科学省（2024b）．令和5年度 児童生徒の問題行動・不登校等生徒指導上の諸課題に関する調査結果について（https://www.mext.go.jp/content/20241031-mxt_jidou02-100002753_1_2.pdf）（2024年12月20日閲覧）

第 I 部　心理職の仕事の実際

第3章

心理職が働く現場②　保健医療分野

　保健医療分野で働く心理職は、公認心理師の約25.7％と、全体の約4分の1を占めています（第1章）。精神科領域を中心として、心理職としての本来的な活動への期待が大きい分野になります。

　この分野で心理職が具体的にどのような心理的支援業務を行っているのかについて、病院で働く心理職の仕事を通して見ていき、それを踏まえて、この分野における課題などについて説明したいと思います。

1　ある日の心理職の仕事（精神科病院の心理職）

　ある精神科病院に勤務する心理職のＡさんの一日を見てみましょう。

　Ａさんは、精神科、神経科を主な診療科目とする病院に常勤の心理職として勤務しています。勤務先の病院には複数人の心理職が配置されており、Ａさんは入職して数年のまだ若手になります。入院施設を持つ病院の特徴の一つに、土曜日、日曜日を問わず夜間も含めた業務があるということがあります。このため、看護師などは、2交代制や3交代制で仕事に就きますが、心理職の場合は、基本的に午前8時頃から午後5時頃までの日勤のみとなっています。

　Ａさんは、出勤すると、まず病棟申送りに出席します。病棟申送りとは、夜勤のスタッフと日勤のスタッフとの引継ぎのことで、看護師が中心になりますが、心理職もこれに出席し、入院中の患者に関する情報を共有していきます。

26

第3章　心理職が働く現場②　保健医療分野

この日のＡさんの予定は、次のようなものでした。

8時30分　病棟申送りに出席

9時30分　精神科デイケアに参加（心理教育を担当）

13時　　　外来で心理アセスメントを実施

14時30分　外来で心理面接を実施

16時　　　心理室会議に出席

　　　　　その後、退勤時まで記録などを作成

　この日は、精神科デイケアの担当日です。事前に短いカンファレンスが持たれ、その日の予定や参加者に関する情報を確認します。その中の一人に、はじめてデイケアに参加するＢさんがいました。Ｂさんは30歳代の女性ですが、うつ症状を訴えて病院を受診し、主治医の勧めでデイケアに参加することになっていました。シングルで一人息子を育てていましたが、交際相手の男性に振り回されるうちに育児放棄の状態となり、中学生の長男は施設に保護されることになってしまいました。これを契機にうつ症状が深刻となり、現在は実家に身を寄せて引きこもった生活を送っているとのことでした。

　Ａさんは、9時45分から病院内の専用室でデイケアに出席します。デイケアには、年齢、性別、症状などが様々な20人前後の患者が参加し、ストレッチ、料理、工作、園芸、音楽鑑賞など、事前に予定されているプログラムに従っていろいろな活動を行います。この日は、Ａさんが担当となって、ストレスの対処法に関する心理教室が開かれました。Ａさんは、デイケアの利用者の皆さんによく理解してもらえるよう、教材や進め方に工夫をして授業に臨みます。

　心理教室が終わると、昼食を利用者と一緒に準備します。Ａさんは、はじめて参加したＢさんの傍らに寄り添い、さり気なく見守りながら準備に取りかかります。Ｂさんは、緊張が少しずつやわらぎ、Ａさんと一言、二言、言葉を交わすようになります。食事が終わり、午後のプログラムまでの少しの空き時間に、Ｂさんが、それまで抱えていた思いがあふれ出したかのようにＡさんに語り出しました。長男が手元からいなくなってとても寂しいこと、男性に騙され

第Ⅰ部　心理職の仕事の実際

て転居を繰り返すなど、自分がどれほど情けない母親であったのかということ、自分を責め続けていて、消えてなくなりたいと思っていること。Ａさんは、やさしくその言葉を受け止めます。

　午後になると、Ａさんは、外来で心理アセスメント（心理検査）と心理面接（心理療法）を行います。心理アセスメントでは、知能検査や認知機能検査など、複数の検査を主治医の指示に基づいて保険診療として行います。

　また、心理面接では、マインドフルネスをベースにした認知行動療法を行います。この心理療法は、Ａさんが大学院で学び、これまで臨床経験を重ねてきた手法になります。こちらは保険診療とは異なる自由診療であることもあり、主治医からは比較的大きな裁量が与えられて治療が進められています。

　この両者は、心理職の主要な職務とされている「心理アセスメント」と「心理支援」（第7章）にそのまま当てはまる業務であり、これらに正面から取り組むことができるということは、Ａさんにとってこの分野で仕事をする上での最大の魅力となっています。

　Ａさんは、当初、教科書どおりの心理アセスメントと心理支援に努力していました。しかし、経験を積むに従って、患者の症状のメカニズムをアセスメントする際に、単に生物学的な面での症状に着目するだけでなく、その背景にある要支援者等の性格やものの見方、行動の傾向など、さらには、背景にある家族関係や成育歴など、生物−心理−社会といった幅広い視点で問題を把握しようとするようになりました（第11章）。それに伴って、治療面接においても、マインドフルネスを中心としながらも、要支援者等の問題性に対応した多様な理論や手法を柔軟に活用するように変わってきました（第13章）。

　外来が終わると、Ａさんは心理室に戻り、心理検査や心理面接の結果を整理するなどして記録の作成に取りかかります。

第3章　心理職が働く現場②　保健医療分野

2　保健医療分野とは

保健医療分野の特徴と、そこで働く心理職について見ていきましょう。

（1）保健医療分野の定義

一般に「保健」とは、人々の健康を守り保つことをいい、同様に「医療」とは、診断、治療、リハビリテーションなどによって人々の健康を回復させることをいいます。ただし、両者は密接不可分の関係にあり、厳密に区別することも相当ではないことから、「保健医療」分野として一括して総称されています。

（2）保健医療分野の制度の概要

①関係法令

保健医療分野の特徴の一つは、その主要な業務が法律や規則などによって厳格に規定されているということがあります。

主要な法令には、次のようなものがあり、この分野で仕事をするためには、これらの法令やそれに基づく様々な運用に関する正確な理解が求められます。

【法律】

○医療法

○医師法

○保健師助産師看護師法（保助看法）

○精神保健及び精神障害者福祉に関する法律（精神保健福祉法）

○心神喪失等の状態で重大な他害行為を行った者の医療及び観察等に関する法律（医療観察法）

○地域保健法

○高齢者の医療の確保に関する法律

○自殺対策基本法

○健康増進法

第Ⅰ部　心理職の仕事の実際

表3-1　保健医療分野における業務独占資格

資格名	独占対象となる業務	根拠法令
医師	医業	医師法（第17条）
看護師・准看護師	療養上の世話 診療の補助	保健師助産師看護師法 （第31条第1項、第32条）
理学療法士	理学療法	理学療法士及び作業療法士法
作業療法士	作業療法	（第15条第1項）
視能訓練士	両眼視機能回復矯正訓練 眼科検査	視能訓練士法 （第17条第1項、第2項）
介護福祉士	喀痰吸引等	社会福祉士及び介護福祉士法 （第48条の2第1項）

表3-2　保健医療分野における名称独占資格

資格名	主要な業務	根拠法令
公認心理師	①心理アセスメント ②心理支援 ③関係者支援 ④心の健康教育	公認心理師法 （第44条第1項）
精神保健福祉士	精神障害者等の相談援助等	精神保健福祉士法（第42条）
社会福祉士	福祉に関する相談援助等	社会福祉士及び介護福祉士法
介護福祉士	介護、介護指導	（第48条第1項、第2項）
言語聴覚士	言語訓練、検査、助言指導等	言語聴覚士法（第45条）

○母子保健法

②医療関係職種における業務独占

　保健医療分野においては、多くの専門職が多様な業務に従事し、いわゆる「医療スタッフ」を構成しています。心理職も、この分野においては、医療スタッフの一員として活動することになります。

　医療スタッフの各業務については、法令上、医師や看護師などの国家資格の有資格者しか行うことができないものと、そうではないものとに区分されます。前者の業務を担う資格を業務独占資格（第7章）といい、それらには表3-1のような資格があります。保健医療分野では、こうした業務独占とされている

第3章　心理職が働く現場②　保健医療分野

表3-3　保健医療分野の主な心理職

区　分	勤務先機関	心理職の職名・呼称
医療分野	病院（精神科主体・その他）	公認心理師 臨床心理技術者 心理士 心理職　　など
	一般診療所（精神科主体・その他）	
保健分野	保健所、保健センター	
	精神保健福祉センター	
	老人保健施設	
	市町村などの行政機関	

資格を有する者が主要な業務を担っているという特徴があります。

　これに対して、心理職が持つ公認心理師資格は、名称独占資格とされています。すなわち、公認心理師という名称を使用しない限り、誰でも公認心理師の業務を行うことができます。保健医療分野におけるこのような名称独占のみの国家資格には、表3-2のようなものがあります。

　このように、医療分野においては、業務独占というルールがあることに注意が必要です。たとえば、公認心理師は、その国家資格を持っており、心理アセスメントや心理面接などを行うことができますが、医療における「診断」等を行うことはできません。

（3）保健医療分野で働く心理職

　保健医療分野で働く心理職の所属機関や職名・呼称は、表3-3のとおりです。その多くは、主に病院、一般診療所などの医療分野において仕事に就いています。

3　保健医療分野では何が問題になっているのか

　保健医療分野は、全ての人々にとって重要な「健康」というものに直接的にかかわる事がらを取り扱っています。このため、この分野では多くの課題が指摘され、これまで検討されてきています。このうち、心理職に深く関係する事

31

第Ⅰ部　心理職の仕事の実際

項について見ていきましょう。

（1）保健医療分野における課題

　保健医療分野における課題のうち、心理職にとくに関係の深いものとして、入院医療から地域生活への移行、チーム医療の推進などがあります。

①入院医療から地域生活への移行

　保健医療分野の中で心理職がもっとも多く働いているのは、精神科を主とする病院及び一般診療所になります。

　この精神科医療においては、第1章でみてきた精神疾患者数の増加に加えて、我が国の精神病床数をめぐる課題が指摘されています。すなわち、諸外国においては、ここ数十年で大幅に減少しているのに対し、我が国においては横ばいで推移し、諸外国を大幅に上回っているという特徴があります（図3−1）。

　このため、厚生労働省は、長期入院精神障害者（1年以上精神疾患により入院している精神障害者をいう。）の地域移行に向けた具体的方策について検討するため、「長期入院精神障害者の地域移行に向けた具体的方策に係る検討会」を開催し、その結果を2014年7月にとりまとめました（厚生労働省、2014）。それによると、長期入院精神障害者の地域移行を進めるための方向性として、「退院に向けた意欲の喚起（退院支援意欲の喚起を含む）」「本人の意向に沿った移行支援」「地域生活の支援」を徹底して実施していくことが示されています。

　このような精神障害者の意欲の喚起や意向の把握において、今後、心理職が果たすことのできる役割は大きくなっていくものと考えられます。

②チーム医療

　保健医療分野では、これまで見てきたように多種多様な医療スタッフが業務を分担しています。「チーム医療」とは、一般に、こうした医療スタッフが、それぞれの高い専門性を前提として、お互いに目的や情報を共有し、業務を分担しつつも相互に連携、補完し合い、患者の状況に的確に対応した医療を提供

第3章 心理職が働く現場②　保健医療分野

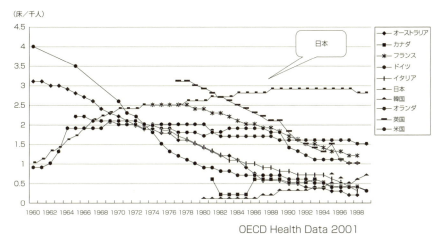

図3-1　人口当たり精神病床数（OECD）
（出典）厚生労働省社会・援護局障害福祉部障害福祉課（2007）

することと理解されています（厚生労働省、2010b）。近年の医療の高度化や複雑化に対応するためには、このチーム医療の重要性がますます高まっているのです。

　このため、厚生労働省は、2010年4月30日付け厚生労働省医政局長通知「医療スタッフの協働・連携によるチーム医療の推進について」を発出し、チーム医療を推進していく方針を示すとともに、各医療スタッフが分担して実施することができる業務の具体例などを紹介しています。

　このように、保健医療分野においても、一人の専門職で対応するのではなく、多職種の専門職がそれぞれの専門性を高めながら、相互に連携、協働してより質の高い実践を目指すといった多職種連携の実践が求められています。

（2）保健医療分野の心理職に求められているもの
　次に、保健医療分野において、心理職として留意しておくべき事項、心掛けるとよい事がらなどについて見ていきましょう。

33

第Ⅰ部　心理職の仕事の実際

①精神疾患等に関する正確な医学的知識

　保健医療分野の心理職に限られたことではありませんが、とくにこの分野の心理職には、精神疾患の診断分類・診断基準（ICD-10、DSM-5-TR）、向精神薬の薬理作用などといった精神疾患等に関する医学的知識について、十分に理解しておくことが必要となります。

②主治医の指示について

　医師が行う診察、治療、投薬などの行為は、医師の医学的判断及び技術をもってするのでなければ人体に危害を及ぼし、又は危害を及ぼすおそれがあります。これを医行為といい（厚生省、1994（津川・元永、2021より引用））、これまで説明したように医師だけが行うことができます（医師法第17条）。

　また、医行為のうち一定の行為については、「診療の補助」として、医師の指示のもとで看護師も行うことができます（保助看法第5条）。この診療の補助についても、看護師だけが行うことができるとされているのですが（保助看法第31条第1項）、理学療法士、作業療法士などの業務独占資格の医療スタッフにおいては、看護師の業務独占が解除される形で、診療の補助としての理学療法、作業療法などを行うことができるようになっています（理学療法士及び作業療法士法第15条第1項）。そして、その際には、同様に医師の指示が必要とされます。

　他方、公認心理師についてですが、前述のようにその業務は名称独占とされており、法令上は医師の指導監督下には置かれていません。しかし、要支援者等の利益を確保するという観点からは、要支援者等に主治の医師がある場合に、公認心理師がその医師の治療方針と齟齬が生じるような心理支援などを行ってしまうと、その不利益は要支援者等に及ぶことになってしまいます。

　このため、公認心理師法第42条第2項には、公認心理師は、要支援者に主治の医師があるときは「その指示を受けなければならない」と規定されています。

　この公認心理師に対する「指示」をめぐっては、公認心理師が、看護師や理

学療法士、作業療法士等のように、法令上、医師の指示のもとで診療の補助に従事することが予定されている診療補助職ではないことから、その性質や効果に関して議論があるところです。

この点については、第11章で詳しく説明したいと思います。

③精神科中心から多様な診療科への展開

保健医療分野における心理職の動向として、それまで精神科を主とする病院や一般診療所での業務が中心であったところ、近年になって、心療内科、産婦人科、小児科、救急医療、緩和ケア、認知症ケア、リハビリテーションなど、多種多様な診療科目に活動の幅を広げつつあるということがあります。

心理職の行う心理的支援業務が、保健医療分野の多くの領域で評価されてきていることの現れであるといえるでしょう。

④医療保険制度との関係

日本の保健医療分野の大きな特徴の一つに、国民皆保険制度の採用があります。この国民皆保険制度とは、全ての国民が何らかの公的医療保険に加入する制度のことをいい、これにより我が国は世界最高レベルの平均寿命と保健医療水準を実現していると評価されています。

国民皆保険制度のもとでは、保険を担っている各保険者から、患者を治療した各医療機関に対して支払われる報酬のことを「診療報酬」といい、その基準額は、厚生労働大臣によって中央社会保険医療協議会（中医協）の議論を踏まえておよそ2年ごとに決定されます。診療報酬には、「技術・サービス評価」と医薬品などの「物の価格評価」とがあり、それぞれ、「診療報酬点数表」に基づいて1点10円として評価され計算されることになります。

心理職の業務については、これまでも、「臨床心理技術者」として診療報酬の対象とされてきました。さらに、第7章で説明するように、2017年に公認心理師制度が創設されたことから、たとえば、精神科専門療法として、医師の指示を受けた公認心理師について、心的外傷に起因する症状を有する患者など

第Ⅰ部　心理職の仕事の実際

特定の患者に対する心理支援加算が新設されるなど、公認心理師による業務について診療報酬の対象となるものが拡大されてきています。

このように、公認心理師という国家資格の誕生により、今後、診療報酬の対象となる業務を担うものとしての心理職の立場がより確かなものとなり、この分野における一層の活用につながっていくことが期待されています。

引用文献

厚生省健康政策局総務課（編）（1994）．医療法・医師法（歯科医師法）解　第16版　医学通信社

厚生労働省社会・援護局障害福祉部障害福祉課（2007）．精神障害者の退院促進（平成19年4月23日全国福祉事務所長会議の資料）（https://www.mhlw.go.jp/topics/bukyoku/syakai/z-fukushi/gyosei/gyousei04.html）（2024年12月14日閲覧）

厚生労働省（2010a）．医療スタッフの協働・連携によるチーム医療の推進について（平成22年4月30日付け厚生労働省医政局長通知）（https://www.mhlw.go.jp/shingi/2010/05/dl/s0512-6h.pdf）（2025年1月4日閲覧）

厚生労働省（2010b）．チーム医療の推進について（チーム医療の推進に関する検討会 報告書）（https://www.mhlw.go.jp/shingi/2010/03/dl/s0319-9a.pdf）（2024年12月13日閲覧）

厚生労働省（2014）．長期入院精神障害者の地域移行に向けた具体的方策の今後の方向性（https://www.mhlw.go.jp/stf/shingi/other-syougai_141270.html）（2024年12月13日閲覧）

津川律子・元永拓郎（2021）．心理臨床における法・倫理・制度——関係行政論　放送大学教育振興会

第 *4* 章

心理職が働く現場③　福祉分野

　福祉分野で働く心理職は、公認心理師の約23.1%と、保健医療分野と同様に全体の約4分の1を占めています（第1章）。この分野は、児童、障害者、女性、高齢者と広い領域にわたって、多くの入所または通所施設を抱えているという特徴があります。

　本章では、児童福祉施設のうち児童養護施設で働く心理職の仕事を通して説明していきたいと思います。

1　ある日の心理職の仕事（児童養護施設の心理療法担当職員）

　児童養護施設の心理療法担当職員として勤務するAさんの一日を見てみましょう。

　Aさんは、施設内に複数の寮舎を有する比較的規模の大きい児童養護施設に常勤の心理療法担当職員として勤務しています。児童養護施設も、第3章の病院と同様に、土曜、日曜を含む夜間勤務があるという特徴があり、子どもたちの日常的なケアに従事する保育士や児童指導員などは3交代制などで仕事に就いていますが、心理職であるAさんは、原則として日勤の早番か遅番が割り当てられています。

　Aさんは、登園すると、寮舎での打合せ会に出席したり、各寮舎や事務室を回って保育士や児童指導員などから子どもたちの様子について話を聴いたりし

ます。とくに、虐待などで心理的な問題を抱えている子どもの状況については注意を払うようにしており、数日前にネグレクトで措置された男子中学生については、寮舎の保育士から詳しく様子を教えてもらいました。

その日のAさんの予定は、次のようなものでした。

10時30分　寮舎の打合せに出席　その後各寮舎を巡回

11時　　　不登校の女子小学生Bさんと面接

　　　　　寮舎で入所児童らと一緒に昼食

14時　　　職員研修を担当

　　　　　引き続いて児童指導員とケースカンファレンス

16時　　　虐待で措置された男子中学生Cさんと面接

17時　　　職員の申し出により保育士Dさんと面接

18時45分　施設長、主任指導員、家庭支援専門相談員等とのケース会議に出席

　　　　　退勤時まで面接記録などを作成

女子小学生のBさんは、母親の心の病のために施設に入所しています。転校後しばらくは登校できていたものの、しばらくすると授業中にパニックになって教室を飛び出したり、同級生とささいなことで言い争い、相手に暴力を振るったりするようになりました。やがて、朝になると体の不調を訴えて登校できなくなっています。Aさんは、Bさんを施設の中に整備されているプレイルーム（遊戯療法室）に案内すると、しばらく一緒に遊具で遊んだあと、Bさんが思いを素直に話すことができるようやさしく穏やかに面接を進めます。Bさんは、面接中たえず身体の一部を動かし続け、注意力も長続きしません。Aさんは、まずはBさんがゆっくりと心と身体を休めることができるように、日常生活での工夫などについていくつか助言をしました。

面接後、Aさんは、週末に来園する非常勤の精神科医に相談するために、Bさんについてのメモを作成します。Aさんは、今日の面接でのBさんの様子からわかったことに加えて、これまで施設のスタッフから把握した情報やAさ

ん自身が施設内でBさんと日常的に接してわかってきたこと、さらに、Bさんを措置した児童相談所からの情報などの全てを総合して、Bさんの問題のメカニズムについてアセスメントしていきます。このようなBさんに関する豊富な情報を、ともに生活をする中で肌身で受け止めることができることについて、Aさんは、施設で働く心理職の大きなメリットであり、またやりがいでもあると感じています。

　昼食時間になりました。この施設では、食事は全て各寮舎の職員が調理し、子どもたちと一緒に食卓を囲んでいます。この日は、別の日に面接をしている児童の観察も兼ねて、Aさんもその児童や職員と一緒に準備し、談笑しながら昼食をとります。

　午後は、施設の保育士や児童指導員のために研修を行います。この日は、虐待などによるトラウマを抱えた子どもたちと接する上で大切とされる「トラウマインフォームドケア」（Trauma-Informed Care：TIC）について取り上げました。TICとは、心の傷である「トラウマ」に関する知識を持ち、支援の際にその人にトラウマ体験があるかもしれないという観点を持って接することをいいます。Aさんは、施設での日々の職員や子どもたちとのやり取りの中から事例をとりまとめ、その日の教材としました。このような施設スタッフに対する心理教育も、心理職の仕事の大切な部分になっています（第7章）。

　16時からは、数日前に入所したばかりの男子中学生Cさんとの面接です。Cさんは、母子2人の家庭で育ちましたが、母親の精神状態が安定しておらず、小学生の頃からネグレクトによりたびたび児童相談所に保護され、今回、母親がCさんを残して長期間帰宅しなかったことから中学校の通告によって児童相談所を経て入所措置となっています。Aさんは、あらかじめCさんの援助方針についてまとめている「ケアプラン（自立支援計画）」の内容や、Cさんを担当している児童相談所の児童福祉司との間で事前に行った打合せの結果などを頭に入れた上で、まずはCさんとの間でよい関係を結ぶことができるように面接を進めていきます。Cさんについては、長期目標としては、母親に対する親

39

第Ⅰ部　心理職の仕事の実際

教育（ペアレントトレーニング）を含む働きかけと環境調整を行って家庭への復帰を目指すとともに、短期目標としては、施設での安心・安全な生活の確立を図る方針です。

　面接でのCさんは、母親から見捨てられたという被害感情が強く、Aさんに対しても、なかなか心を開くことができないでいる様子です。Aさんは、Cさんの心の傷つきに思いを寄せながら心理面接を続けていきます。

　17時からは、本人から急な申し出があり、女性保育士Dさんと面接します。Dさんは入職2年目ですが、これまでいつも明るく子どもたちと接していたところ、今年になって対応の難しい児童が入所してきたこともあって、最近は時折沈んでいる様子が見受けられ、Aさんとしても気にしていたところでした。Dさんは、その児童の対応の難しさなどについて落ち着いて話していましたが、Aさんがその苦労をやさしくねぎらうと、急に瞳に涙を浮かべ、Dさん自身の恵まれない家庭での辛かった幼少時期の経験について語りました。Dさんは、まるで自分を見ているようで苦しいと言って、しばらくの間涙を流します。Aさんは、やさしく聴き続けます。

　寮舎での夕食が終わる頃、入所したてのCさんについてケース会議が持たれ、ケアプラン（自立支援計画）の検討が行われました。Aさんは、Cさんが被害感情などから心を堅く閉ざしたままでいることへの心配を伝え、しばらくは児童相談所の児童福祉司とも連携しながら（第11章）、施設全体で慎重に見守っていくことが確認されました。

2　福祉分野とは

　福祉分野とはどのような分野であり、どのような特徴があるのでしょうか。また、心理職は、この分野でどのように働いているのでしょうか。

（1）福祉分野の定義

　「福祉」とは、一般に、人々の幸せな生活を保障することを意味しています。

第4章　心理職が働く現場③　福祉分野

その観点からは、心理職の活動は全て「福祉」に関係しているともいうことができますが、心理職の活動分野としての「福祉分野」とは、主に児童、障害者、高齢者、その他の家庭に問題を抱えている方々などを対象とした、いわゆる社会福祉領域の各機関における活動を指しています。

（2）福祉分野の制度の概要
　福祉分野の心理職に関連する主な法令等は次のとおりです。これらは、大きく児童福祉関係、障害福祉関係、高齢者福祉関係、その他の家庭福祉関係に区分することができます。
　領域が広いことから、関係法令等も多岐にわたっていることが特徴であり、このため、この分野の心理職は、これら多くの法令等を理解しておくことが求められます。
【児童福祉関係】
○児童福祉法
○児童虐待の防止等に関する法律（児童虐待防止法）
【障害福祉関係】
○障害者基本法
○障害者の日常生活及び社会生活を総合的に支援するための法律（障害者総合支援法）
○身体障害者福祉法
○知的障害者福祉法
○精神保健及び精神障害者福祉に関する法律（精神保健福祉法）
○発達障害者支援法
○障害を理由とする差別の解消の推進に関する法律（障害者差別解消法）
○障害者虐待の防止、障害者の養護者に対する支援等に関する法律（障害者虐待防止法）
【高齢者福祉関係】
○老人福祉法

第Ⅰ部　心理職の仕事の実際

○介護保険法
○共生社会の実現を推進するための認知症基本法（認知症基本法）
○高齢者虐待の防止、高齢者の養護者に対する支援等に関する法律（高齢者虐待防止法）
【家庭福祉関係】
○生活保護法
○生活困窮者自立支援法
○困難な問題を抱える女性への支援に関する法律（女性支援新法）
○配偶者からの暴力の防止及び被害者の保護等に関する法律（DV防止法）

（3）福祉分野で働く心理職

　福祉分野で働く心理職は、表4−1のような機関に所属しています。この分野においては、上述の法令の数からもわかるように、非常に多くの機関が設置されており、その各機関について、施設の内容、配置できる職員、その資格要件や業務内容などが行政機関によって具体的に示されているという特徴があります。このうち、心理職の配置が基準化されている機関としては、児童相談所、児童養護施設、児童心理治療施設などがありますが、その数は必ずしも多くはありません。

3　福祉分野では何が問題になっているのか

　福祉分野では、近年の急激な少子高齢化や社会経済状況の変化などの中で、多くの問題が生じています。子どもたちの育ちの環境は適切で十分なものか、人々の子育て、障害、病気、介護などに困難はないか、住居や就労が確保され経済的に安心して暮らしていけるのか、地域や社会から孤立し、生きる意味を見失ってしまってはいないかなど、人々が直面している課題は複雑、多様化しています。福祉分野の重要性はますます高まっているということができるでしょう。

42

第4章　心理職が働く現場③　福祉分野

表4-1　福祉分野の主な心理職

区　分	勤務先機関	心理職の職名・呼称
児童福祉	児童相談所（都道府県・政令市・中核市）	児童心理司 児童福祉司
児童福祉	児童福祉施設（心理職配置の基準あり） 　児童養護施設 　児童心理治療施設 　児童自立支援施設 　乳児院、母子生活支援施設	心理療法担当職員
児童福祉	児童福祉施設（その他） 　児童発達支援センター 　児童家庭支援センター、里親支援センター 　保育所、幼保連携型認定こども園 　障害児入所施設	心理士 心理職 心理指導担当職員 心理判定員　など
児童福祉	その他の施設等 　児童発達支援事業所 　放課後等デイサービス事業所	心理士 心理職 心理指導担当職員 心理判定員　など
障害福祉	障害福祉領域の入所施設	心理士 心理職 心理指導担当職員 心理判定員　など
障害福祉	障害福祉領域の相談支援・通所施設 　障害福祉サービス事業所 　障害者支援施設	心理士 心理職 心理指導担当職員 心理判定員　など
高齢者福祉	高齢者福祉領域の入所施設	心理士 心理職 心理指導担当職員 心理判定員　など
高齢者福祉	高齢者福祉領域の相談支援・通所施設 　地域包括支援センター、高齢者支援センター 　デイサービス、デイケア	心理士 心理職 心理指導担当職員 心理判定員　など
家庭福祉	家庭福祉領域の入所施設 　女性自立支援施設	心理士 心理職 心理指導担当職員 心理判定員　など
家庭福祉	家庭福祉領域の相談支援・通所施設 　女性相談支援センター、配偶者暴力相談支援 　センター	心理士 心理職 心理指導担当職員 心理判定員　など

（1）福祉分野における課題

　このような福祉分野における多くの問題の中で、とくに心理職に関係の深い課題について見ていきたいと思います。

①児童虐待の増加

　児童虐待の増加が深刻な社会病理現象の一つとなっていることについては、第1章で見てきたとおりです。この間、数次の法改正を含む重点的な対策が講

第Ⅰ部　心理職の仕事の実際

じられ、その防止に向けた努力が重ねられてきましたが、必ずしも実情が改善されているとはいえない状況にあります。このことに、児童虐待の問題性の深刻さが現れているということができるでしょう。児童虐待をはじめとする不適切な養育を防止することが強く求められています。

②ドメスティック・バイオレンス（DV）の増加

　ドメスティック・バイオレンス（DV）あるいは親密なパートナー間暴力（Intimate Partner Violence（IPV））は、外部からは見えにくいパートナー間で行われるため、生命の危険に及んだり、長い間執拗に繰り返されることで被害者の人格を損なうことになったりと、人としての尊厳を著しく侵害する許されない行為です。

　このため、2001年に「配偶者からの暴力の防止及び被害者の保護等に関する法律」（DV防止法）が成立し、その後数次にわたって改正され、対策が講じられてきました。しかし、図4－1のように、児童虐待と同様に高水準で推移しているのが現状となっています。

③心理職の活用促進

　さきに見たように、福祉分野では、多くの公認心理師が仕事に就いていますが、児童相談所の児童心理司、児童養護施設等の心理療法担当職員など、行政機関の基準に基づいて心理職として採用されて業務に携わっている人の割合は、それほど高くはありません。多くの公認心理師は、様々な福祉施設において、入所者のケアや各種の事務に従事しています。

　第7章で説明するように、2017年に国家資格としての公認心理師制度がスタートしました。これに伴って、今後、行政機関の配置基準などが見直され、心理支援などが必要な福祉施設に公認心理師が配置されるようになり、要支援者等の支援の充実が図られることが期待されています。

第4章 心理職が働く現場③ 福祉分野

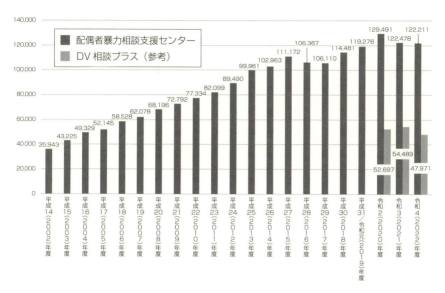

図4-1 配偶者暴力相談支援センターへの相談件数の推移（年次）
（出典）内閣府男女共同参画局（2023）

（2）福祉分野の心理職に求められているもの

このように、福祉分野の心理職は、心理的支援業務だけではなく、入所者のケアなど多様な業務に従事しています。そうした心理職にとって重要と思われる事項について見ていきましょう。

①「生活の場での臨床」という視点

心理職の中には、もっぱら心理支援のみに携わることが、心理職としての専門性を維持して高めていく観点から重要であると考える人もいるかと思われます。たとえば、私設心理相談室等の分野において心理支援に従事している心理職には、そうした傾向が強いように思われます。

しかし、福祉分野の特徴には、対象となる要支援者等の問題性が大変多様であること、また、支援の営みが限られた時間だけで行われるものばかりではなく、施設に入所している要支援者等と生活をともにしながら、日常生活の全て

第Ⅰ部　心理職の仕事の実際

にかかわりながら行われるものであることなどがあります。すなわち、生活の場そのものが臨床場面となっているのです。

　このため、福祉分野の心理職には、生活の場がそのまま心理支援のための臨床の場となるように、要支援者等の日常生活にもかかわっていくといった姿勢、すなわち「生活の場での臨床」という視点を持つことが大切になります。

②トラウマインフォームドケアの重要性

　児童福祉施設に入所する子どもたちについては、保護者のない児童、虐待されている児童等を養護することを目的に設置されている児童養護施設（児童福祉法第41条）をはじめとして、その多くが、保護者からの虐待を受けた経験を持ち、様々な心的外傷（トラウマ）を抱えていることが指摘されています。

　このため、そうした子どもたちのことをよりよく理解するためには、その子どもにトラウマ体験があるかもしれないという観点を持って接することが重要となります。このような視点をトラウマインフォームドケア（TIC）といい、冒頭の事例のAさんが施設内研修でテーマにしていたのも、このTICでした。

　このように、福祉分野の心理職にとってTICは大変重要な視点であり、そのことは、この分野に限ることなく全ての心理職に共通のものになってきています。

　TICの視点を持つためには、①トラウマの広範な影響とその回復過程について理解しておくこと、②対象者のトラウマのサインや症状に気づくこと、③トラウマの知識に基づく適切な方針や手段を実践すること、④対象者の再被害を予防すること、などが大切になります（亀岡、2020）。

　また、このうちトラウマの理解の面では、トラウマによる様々な症状（身体症状、過度の緊張（過覚醒）、再体験、感情の麻痺（解離状態）など）が、生活の中で経験するリマインダー（症状の引き金になるような経験）によって引き起こされるという「トラウマの三角形」（図4−2）の概念を共有していくことが有効となると指摘されています（亀岡、2020）。

　さらに、TICの視点は、事例のDさんとの面接にもあるように、支援者の

第4章　心理職が働く現場③　福祉分野

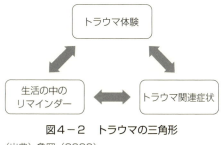

図4-2　トラウマの三角形
(出典) 亀岡 (2020)

メンタルヘルスを支えるためにも大切になってきます。

③受容と指導との統合
　心理職が行う心理的支援業務のうち心理面接においては、「治療構造」が重要とされています。すなわち、時間や場所などをあらかじめ限定し、これを要支援者等と共有しておくことによって、要支援者等にとって守られた時間と空間の枠組みを確保することが、心理面接をより深いものとしていくための条件になるとされています。そのような非日常的な枠組みの中でこそ、要支援者等は安心して自己探求を行うことができると考えられているのです。
　しかし、福祉分野における心理的支援業務では、前述のように生活の場での臨床が求められており、治療構造を確保することが難しいという課題があります。
　さらに、心理面接においては、一般に、心理職は自分の価値観から離れ、要支援者等を共感的に理解することが必要とされています。しかし、生活の場においては、たとえば、基本的な生活習慣を身に付けるなど、日常生活の上での大切なことを指導し、修得してもらう必要が生じます。このような受容的態度と指導的態度との葛藤にも直面することになります。
　福祉分野における心理的支援業務においては、こうした二律背反的な要素をいかに工夫して統合していくのかが大切になります。

第Ⅰ部　心理職の仕事の実際

引用文献

亀岡智美（2020）．子ども虐待とトラウマケア──再トラウマ化を防ぐトラウマインフォームドケア　金剛出版

内閣府男女共同参画局（2023）．配偶者暴力相談支援センターにおける相談件数等（令和4年度分）（https://www.gender.go.jp/policy/no_violence/e-vaw/data/01.html）（2024年12月15日閲覧）

第5章

心理職が働く現場④　司法・犯罪分野

　司法・犯罪分野で働く心理職は、公認心理師全体の約5.4％と数としては少ないですが（第1章）、その多くが様々な公的機関に所属し、法による安心安全な社会の実現という共通の目的に向かって、緊密に協働しながら活動しているといった特徴があります。

　本章では、このうち、公認心理師試験のプログラム施設（第7章の表7‒2参照）でもある家庭裁判所に勤務する家庭裁判所調査官の仕事を通して説明します。

1　ある日の心理職の仕事（家庭裁判所調査官）

　Aさんは、家庭裁判所調査官（以下「家裁調査官」といいます。）として県庁所在地にある比較的大きな家庭裁判所に勤務しています。Aさんの一日を見てみましょう。

　Aさんの勤務は、月曜日から金曜日までの平日、午前8時30分前後から午後5時前後までの休憩時間を除く7時間45分間です。公務員であることもあり、残業した場合には所定の残業手当が支給されます。土曜日と日曜日は週休日ですが、裁判所には、逮捕状などを発布するための24時間態勢の令状事務があり、毎月数日、裁判所に泊まり込んで仕事をすることがあります。

　Aさんは、登庁すると、所属する組の主任家裁調査官と同僚の家裁調査官の

49

第Ⅰ部　心理職の仕事の実際

3人によるブリーフ・ミーティングに参加し、その日の予定などを簡潔に確認し合います。家裁調査官は、管理職である主任家裁調査官一人と、部下の家裁調査官数人から構成される「組」という単位で仕事をしており、基本的に、この組を単位として、一つひとつの事件を受命し調査を行っています。

この日のAさんの予定は、次のとおりでした。

9時　　　ブリーフ・ミーティング、その後、記録調査

10時　　少年鑑別所で恐喝保護事件の男子中学生Bさんと面接
　　　　　帰庁後に主任調査官に報告、記録作成

13時　　組・定例ケース会議に出席、その後、記録調査

14時　　児童室において面会交流審判事件の女児Cさんの試行的面会交
　　　　　流を実施

16時30分　裁判官、書記官とBさんの事件についてカンファレンス
　　　　　退庁時まで記録調査、記録作成

朝のブリーフ・ミーティングを終えると、Aさんは、事件記録を今一度入念にチェックした上で、家庭裁判所の近くに所在している少年鑑別所に出かけます。

少年鑑別所とは、家庭裁判所に送致された非行少年を一時的に収容し、非行性の程度などについて心身の鑑別などを行ったり、地域の非行・犯罪の防止と子どもたちの健全育成に取り組む「法務少年支援センター」を併設して活動する法務省の機関です。家庭裁判所と同様にプログラム施設に指定されており、心理職である法務技官（心理）が働いています。

Aさんは、受付で携帯電話等の持ち込み禁止物を預けた上で、いくつもの施錠された扉を通って面接室に入ります。しばらくして、少年鑑別所の職員に連れられてBさんが入室してきました。

Bさんは、ごく普通の男子中学生といった印象で、むしろ年齢よりも幼く見えます。中学校の友人とともに、下級生に言いがかりをつけて現金を脅し取った非行事実について確認し、どうしてそのような行為に及んだのかを聞いてい

きます。

　Ｂさんは、初めは口数が少なかったですが、ＢさんのこれからについてＢさんと一緒になって考えていこうという、Ａさんの真剣な姿勢に触れる中で、徐々に心を開き、非行に至った思いを話し始めます。

　Ｂさんは、母子家庭でしたが、母親が家出をしてネグレクト状態になり、児童相談所を経て児童養護施設に保護されていました。中学生になってからの入所ということもあって、施設になかなかなじむことができず、そのうちに悪い友だちに誘われて都心の繁華街で遊ぶようになり、同じような子どもたちが集まる区域に出入りするようになっていました。

　Ａさんは、Ｂさんが非行に至った原因、そのメカニズム、Ｂさんが非行から立ち直る可能性、そのために必要とされる手当てなどを明らかにするため、Ｂさんが非行をしたときの心理状態を中心として、Ｂさんの身体的生得的な負因の有無、家庭環境、学校生活、交友関係、これまでの生活歴など、生物－心理－社会の面から詳しく話を聴いていきます（第11章）。

　面接後、Ａさんは、少年鑑別所の法務技官（心理）とカンファレンスを行い、少年鑑別所内でのＢさんの生活ぶりなどを把握して帰庁しました（第11章）。家庭裁判所に戻ると、Ａさんは、組の主任家裁調査官からアドバイスをもらい、調査報告書の作成にとりかかります。

　午後は、組の３人で行う「組・定例ケース会議」に参加します。この会議は、各家裁調査官が主担当となっている事件をどのように調査していくのかについて、組として検討する場であり、毎週１回程度定期的に持たれています。Ａさんは、Ｂさんを含む手持ちの数ケースについて報告し、組の家裁調査官から助言をもらいました。

　午後２時からは、家事事件の一つである面会交流審判事件の子どもについて、試行的面会交流を行います。

　家事事件において「面会交流」とは、両親が離婚または別居中の時に、子どもが一緒に暮らしていない方の親と会ったり、手紙やメールなどでやり取りし

たりすることをいいます。両親の話し合いでその具体的な方法が決められますが、それがまとまらない場合には、家庭裁判所の調停や審判で取り決めることになります。そして、その審理の過程で、主に裁判所の施設の中で、試行的に面会を行うことを「試行的面会交流」といいます。この日は、4歳の女児Cさんについて、父親との試行的面会が行われる予定です。

　家庭裁判所には、このような子どもの調査を行うための「児童室」が設けられています。児童室にはじゅうたんが敷きつめられ、様々な遊具やぬいぐるみなど、子どもたちが好みそうな品々が揃えられています。

　はじめに、一緒に住む母親とCさんに入室してもらい、Aさんと一緒に遊びます。Cさんは少し緊張した様子でしたが、保育士のようなAさんのやさしい対応にすぐに打ち解け、電車のおもちゃで楽しく遊び始めます。

　しばらくして、母親には退室してもらい、同僚の家裁調査官に連れられて父親が入出します。

　母親の話では、Cさんは、同居中は父親のことを嫌っており、別居後も父親の話はまったくしたことがないとのことでした。父親は、久しぶりの娘の姿を見て、ドアの前にただ立ち尽くしています。Cさんは、気配を感じて振り返ると、一瞬不思議そうな表情を浮かべ、すぐに大きな声で「お父さん」と叫んで駆け寄り、父親の太ももに抱きつきました。父親は、両手でCさんを包み込むと、Cさんの名前を何度も呼びながら涙を流します。

　その後、Cさんと父親との面会交流の状況について、家裁調査官から母親や調停委員に報告され、その後の調停の進行に活かされていくことになります。

　夕刻になり、裁判官との間で、少年鑑別所に収容されているBさんの処遇についてカンファレンスが持たれます。これには、事件の進行管理を担当する法律職である書記官も加わります。Bさんについては、非行性がどれぐらい進んでいるのかについてなお見極める必要があること、また、児童養護施設での生活が落ち着くのかについても不安定な面が認められることなどから、最終的な処分決定をしばらく留保し、一定の期間、家裁調査官が非行少年の動向を観察し、その結果に応じて処遇を決めることとなる「試験観察」に付す方向で審理

が進められることになりそうです。

2　司法・犯罪分野とは

　司法・犯罪分野とはどのような分野であり、どのような特徴があるのでしょうか。また、心理職は、この分野でどのように働いているのでしょうか。

（1）司法・犯罪分野の定義

　司法とは、法規の適用によって具体的な争訟を解決することを目的とする国家作用のことを意味しています（高橋他、2016）。

　また、犯罪とは、刑罰を科せられる行為のことであり、実質的には、社会的寛容の限界を超える社会に有害な法益侵害行為等を意味し、形式的には、犯罪構成要件に該当し、違法かつ有責な行為のことをいいます（高橋他、2016）。

　この両者を対象とする領域が、司法・犯罪分野となります。

（2）司法分野の制度の概要

　公的な手続きは全て法令等に基づいて適切に行われる必要がありますが、司法分野においては、その性質上、こうした要請にはとくに強いものがあります。司法分野の心理職に関連する主な法令等は、次のとおりであり、この分野の心理職は、これらを十分に理解しておくことが求められます。

【民事関係】
○民法
○家事事件手続法
○児童福祉法
○民事執行法
○国際的な子の奪取の民事上の側面に関する条約（ハーグ条約）
【刑事関係】
○刑法

第Ⅰ部　心理職の仕事の実際

○少年法
○犯罪被害者等基本法
○少年院法
○少年鑑別所法
○更生保護法
○刑事収容施設及び被収容者等の処遇に関する法律（刑事収容施設法）
○心神喪失等の状態で重大な他害行為を行った者の医療及び観察等に関する法
　律（医療観察法）

　以上のように、司法制度は、全体を大きく民事と刑事にわけることができま
す。それらの性質は、表5－1のとおりであり、司法・犯罪分野で仕事をする
上では、この両者の性質の違いを十分に理解しておくことが大切になります。
　さらに、具体的な事件名でみると、民事については、民事事件・家事事件に、
刑事については、刑事事件・少年事件・医療観察事件に分類することができま
す（表5－2）。
　このうち民事事件とは、私人の間の生活関係に関する事件のことをいい、
様々な契約関係や土地建物の争い、損害賠償の請求、行政機関の決定等に関す
る争いなどの事件が含まれます。
　また、民事の中で、離婚や養子縁組、遺産分割などの家庭に関する事件につ
いては、とくに家事事件に分類されます。
　これに対して、刑事事件とは、窃盗や傷害などの犯罪の犯人だと疑われてい
る人の有罪や無罪などを決定するための事件をいいます。
　また、このうち20歳未満の者が犯した事件は少年法という法律で裁かれ、
これを少年事件と呼びます。さらに、心神喪失又は心神耗弱といった状態で殺
人などの重大な行為を行った者については、刑事事件では裁くことができない
ので、医療観察法という法律で処遇を決めることになり、そうした事件を医療
観察事件と呼びます。
　このように、司法領域で取り扱われる事件は多岐にわたっています。心理職

第5章　心理職が働く現場④　司法・犯罪分野

表5-1　民事と刑事の比較

	刑事	民事
性　質	被疑者が犯罪行為を行ったのかどうか、刑罰を科すべきかどうか等について判断するための手続	私人の間の紛争を解決するための手続
当事者	国家（検察官）vs 私人（被告人）	私人 vs 公人
手続きの特徴	高度の証明を必要とする	刑事に比べると緩やかな証明
和解の可否	不可	可
主な機関と専門職	【家庭裁判所】家庭裁判所調査官 【少年鑑別所】矯正心理専門職 　　　　　　　（法務技官（心理）） 【保護観察所】保護観察官 【児童相談所】児童心理司	【家庭裁判所】家庭裁判所調査官

表5-2　具体的事件名による分類

区　分	事件名	概　要
民事	民事事件	私人間の生活関係に関する事件
	家事事件	民事事件のうち家庭に関する事件
刑事	刑事事件	犯罪の被疑者の有罪無罪等を決定する事件
	少年事件	少年法の対象となる事件
	医療観察事件	心神喪失等で重大犯罪を行った人の処分を決定する事件

は、その全てにかかわることがありますが、その中でも、家事事件、刑事事件、少年事件、医療観察事件には、深く関与して仕事をしています。

（3）犯罪分野の制度の概要

　犯罪分野は、以上の司法制度全体の中で刑事に含まれる領域をいいます。その全体像は、表5-3のようになっています。

　このように、犯罪分野は、大きく捜査機関、裁判機関、執行機関の三つに分類されます。

　最初の捜査機関は、犯罪の発生を予防したり、犯罪が起きた場合にその捜査

第Ⅰ部　心理職の仕事の実際

表5-3　犯罪分野の制度の全体像

区　分	機関名	概　要
捜査機関	警察	犯罪の捜査等を行う。裁判所に事件を起訴できるのは検察官のみ。
	検察	
裁判機関	高等裁判所	犯罪の被疑者などの有罪無罪等を決定する。
	地方裁判所	
	簡易裁判所	
	家庭裁判所	
	少年鑑別所	非行少年の心身鑑別を行う。
執行機関	刑務所	犯罪者を収容し改善指導等を行う。
	少年院	非行少年を収容し矯正教育等を行う。
	保護観察所	非行少年に対して補導援護を行う。
	児童自立支援施設　児童養護施設	非行少年を入所させて指導を行う。

に当たったり、犯罪の被疑者を起訴したりする機関です。

　次の裁判機関は、捜査機関から送致・起訴された人について、犯罪の有無を認定し、有罪の場合には処分を決定する機関になります。

　最後の執行機関は、裁判機関の決定に基づいて、その内容を実際に実施する機関をいいます。この執行機関には、とくに多くの心理職が配置され活躍しています。

　犯罪分野では、こうした多様な機関が、犯罪のない安心安全な社会の実現という一つの目標を共有し、法規に定められた一連の司法手続きに従って、相互に緊密に連携しながら活動しているといった特徴があります。

（4）司法・犯罪分野で働く心理職

　司法・犯罪分野の機関が多様であることに伴って、この分野において仕事をする心理職も、表5-4のように多くの職種に及んでいます。また、その多くが国家公務員または地方公務員であるということも、この分野の特徴の一つとなっています。この分野の心理職は組織に所属していることが多いため、その仕事の内容は、心理的支援業務に限られず、事件関係の事務局や研修事務をは

第5章　心理職が働く現場④　司法・犯罪分野

表5−4　司法・犯罪分野の主な心理職

区　分	勤務先機関	心理職の職名・呼称
裁判所	家庭裁判所 裁判所職員総合研修所	家庭裁判所調査官 家事調停委員
法務省	少年鑑別所 少年院 刑事施設 矯正管区	矯正心理専門職 （法務技官（心理））
	保護観察所 地方更生保護委員会	保護観察官 社会復帰調整官 保護司
警察	警察 少年サポートセンター	警察行政職員 警察官
	科学警察研究所 科学捜査研究所	研究員
厚労省関係	児童相談所	児童心理司 児童福祉司
	児童自立支援施設 児童養護施設	心理療法担当職員
	女性相談支援センター	女性相談支援員
民間団体等	更生保護施設 加害者更生支援団体	心理職 相談員 支援員　など
	犯罪被害者支援センター	
	面会交流支援団体 FPIC（家庭問題情報センター） 女性支援団体　など	
	個人（心理学の専門家）	鑑定人（刑事・民事）
医療機関	指定入院（通院）医療機関	心理士　など

じめとして、総務・人事・経理など一般行政事務に及ぶことがあります。

3　司法・犯罪分野では何が問題になっているのか

　司法・犯罪分野においては、毎年、各機関から詳しい統計が公表されています。そこで、それらを踏まえてこの分野における課題を検討し、心理職としていかに取り組んでいくべきかについて考えていきたいと思います。

57

第Ⅰ部　心理職の仕事の実際

（1）司法・犯罪分野における課題

　社会の進展に伴って、価値観が多様化し、家族のありようも大きく変化しています。また、少年非行も、件数こそ減少しているものの、その内容には大きな問題を抱えています。

①面会交流事件の増加

　冒頭のケースでも取り上げましたが、両親の離婚または別居中に、子どもと、一緒に暮らしていない親とが会うことを面会といい、その具体的方法について協議がまとまらないときには、家庭裁判所に家事事件として申し立てられます。その面会交流事件が、近年、図5−1のように増加傾向にあり、しかも審理期間が長期化するなど、事案として困難化していることが認められます。

　離婚率が高水準で推移する中、子どもたちの健やかな成長を後押しするためにも、離れて暮らす親との円満な面会の実施は、とても重要な要素になります。とくに2024年に民法改正案が成立し、その後2年以内に施行されますが、その中で、従来の離婚後の単独親権制度が改められ、選択的な共同親権制度が導入されることが決まっています。これがこの面会交流の在り方にどのような影響を及ぼすのかについては、今後十分に注視していく必要がありそうです。

②犯罪、少年非行の動向

　近年、刑事裁判の件数は、全体として減少傾向にあります。とくに少年事件は、1983年をピークに大幅に減少しており、2012年以降は戦後最小を記録し続けていましたが、2022年に増加に転じています（法務省、2023）。

　そうした中で、いわゆるオレオレ詐欺といった特殊詐欺事件で検挙される少年が依然として高い水準を維持しており、大麻取締法で検挙される少年は増加傾向にあります（法務省、2023）。

　また、傷害事件など第三者に対する暴力事件が減少している一方で、家庭内での暴力事件は増加傾向にあるのです（法務省、2023）。

　このように、近年の少年事件の変化からは、件数こそ減少傾向にあるものの、

第5章 心理職が働く現場④ 司法・犯罪分野

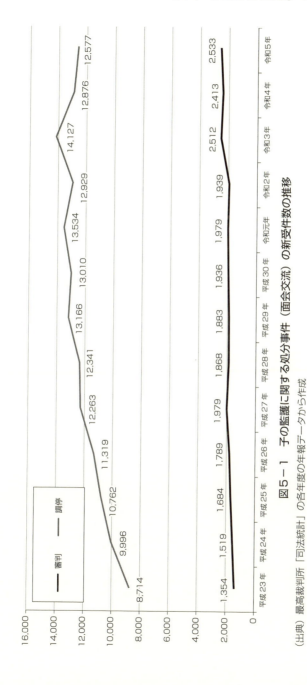

図5-1 子の監護に関する処分事件（面会交流）の新受件数の推移
(出典) 最高裁判所「司法統計」の各年度の年報データから作成

第Ⅰ部　心理職の仕事の実際

高齢者世帯など弱者を標的とした特殊詐欺への加担、安易な気持ちから耽溺に至る薬物非行、身近な親族への暴力などが大きな問題になっている実態が見えてきます。

このような変化に共通していることとしては、過去の少年非行のピーク時の子どもたちが、暴走行為や対教師暴力など自己顕示的、反抗挑戦的な行動に走りがちであったのと違って、現代の非行少年たちが、より内向きで鬱屈した陰湿な行動に及びやすい傾向にあることを示しているように見受けられます。

そして、こうした傾向は、第2章で見てきた教育分野におけるいじめや不登校の増加と、どこか問題の所在を同じくしているように思われます。

（2）司法・犯罪分野の心理職に求められているもの

司法・犯罪分野の心理職として要支援者等の心理的支援業務を行っていく際の特有の課題には、次のようなものが認められます。

①法規や運用の正しい知識の修得

これまで見てきたように、司法・犯罪分野の特徴は、心理職の多くが公務員として職務に従事しており、各職域における事務が法律、規則等で厳格に規律されていることです。このため、心理職としての職業倫理に加えて、国家公務員法等の服務規律（守秘義務・職務専念義務など）に従うとともに、法規等の正確な知識、職務権限についての理解、記録の適正な作成・管理の徹底などが求められます。

さらに、経験を積んでいくと、臨床現場から離れて組織の管理者となり、マネジメント能力なども求められるようになっていきます。

②多職種連携の重要性

司法・犯罪領域のもう一つの特徴は、警察・裁判所・矯正・更生保護など、多様な専門機関が関与し、それぞれ警察官・検察官・裁判官・家庭裁判所調査官・矯正心理専門職（法務技官（心理））・保護観察官など、多くの専門職が配置

されているということです。

このため、他の機関のこともよく理解しておく必要があり、その相互理解を前提として緊密な協働を図ることが重要となります。

③アセスメント力や効果的な処遇技術の重要性

少年事件では、保護の必要性の程度（要保護性）に応じて処分が決定されます。すなわち、少年の再非行の危険性、矯正の可能性、保護の相当性などを見極め、将来を予測することが重要となります。さらに、非行少年一人ひとりの問題性に応じて、効果的な処遇を加えることによって、その立ち直りを支援していくことが求められています。

その際には、心理職としての非行・犯罪のアセスメントの能力や支援の技術が問われることになります。

④司法という場の意味の理解と活用

司法の場は、誰もが普通に経験する場面ではありません。多くは、人生における「重大局面」と言えるでしょう。非行少年は、自ら望んでその場に立っているわけではなく、支援や助力を積極的に求めているとは限りません。そうした対象者に対する支援の技術は、その他の分野で要支援者等の主体的な意思に基づいて支援するのに比べると、難しいものとなることがあります。司法・犯罪分野では、そのような面から独特の技術が必要とされています。

他方、「重大局面」であるからこそ、効果的に働きかけることができる可能性もあります。子どもたちが、究極場面において自らの生き方を選択する時、その選択は大きな意味を持つことが少なくありません。

司法・犯罪分野の心理職には、このような司法という場が持つ特徴を十分に理解した上で、それを活かした心理的支援業務を行うことが求められています。

引用文献

法務省（2023）. 令和5年版 犯罪白書——非行少年と生育環境　日経印刷

第Ⅰ部　心理職の仕事の実際

最高裁判所　司法統計 年報（平成 23 年〜令和 5 年）（https://www.courts.go.jp/app/sihotokei_jp/search）（2025 年 1 月 10 日閲覧）

高橋和之・伊藤眞・小早川光郎・能見善久・山口厚（編集代表）（2016）．法律学小辞典［第 5 版］　有斐閣　pp. 574, 1088.

第 *6* 章

心理職が働く現場⑤　産業・労働分野

　産業・労働分野で働く心理職は、公認心理師全体の約5.9％となっています（第1章）。前章の司法・犯罪分野と同様に数としては少ないですが、今後、心理職のより積極的な活用が期待されている分野になります。

　本章では、ある民間企業に非常勤で働いている心理職について、その具体的な仕事とこの分野における課題などについて見ていきたいと思います。

1　ある日の心理職の仕事（企業の心理カウンセラー）

　民間企業に心理カウンセラーとして勤務するＡさんの一日を見てみましょう。

　Ａさんは、毎週3日、比較的規模の大きい民間企業の非常勤の心理カウンセラーとして勤務しています。平日の残り2日は別の心理職が担当しており、その心理職とは随時連絡を取り合うことがあります。会社内には専用のカウンセリング室が設けてあり、隣室にはカウンセラーのための机も整備されています。会社の人事部からは、全社員にカウンセリングサービスの概要について周知されており、専用の電話番号とメールアドレス、録音機能付きの電話などが整備されていることから、社員の皆さんは直接に面接を予約できるようになっています。

　Ａさんは、出勤すると、電話機の録音やメールをチェックして、その日の予

63

第Ⅰ部　心理職の仕事の実際

定をチェックします。その日の予定は次のようなものでした。

10時	職場復帰した男性社員Bさんのカウンセリング
11時	男性管理職Cさんと面接
13時30分	営業部の職場研修を担当（ハラスメント防止について）
15時	障害者雇用されている女性従業員Dさんと面接
16時30分	人事担当者Eさんと打合せ（ストレスチェックについて）
	退勤時間まで記録の整理など

　Bさんは、入社20年目の中間管理職ですが、責任者となって進めていた大きなプロジェクトが会社側の都合で急に取りやめとなり、そのことを契機としてうつ症状が深刻になって、約3か月弱の間、病気休暇を取得していました。最近になって復職したのですが、気分の落ち込みなどがあり、本人の希望により継続的にカウンセリングするなどの職場復帰支援を行っています。Aさんは、Bさんの不安な気持ちを受け止めつつ、悲観的になるBさんの思考パターンを丹念に把握しながら、それを改善させていくための取組みをBさんとともに少しずつ重ねていきます。

　11時からは、男性管理職Cさんとの面接です。Cさんの部下に精神疾患のため休職中の職員がいるのですが、最近になって本人から復職したいとの意向が示されたことから、今後どのように対応したらよいだろうかといった相談でした。Aさんは、まずは人事部門に連絡してよく連携して対応するよう助言し、必要に応じてAさん自身もその検討に加わることを提案しました。

　午後からは、営業部の社員研修の講師を務めます。この日は、ハラスメントについて取り上げました。セクシャルハラスメントやパワーハラスメントについては前回までの研修で説明してきたので、今回は、日常生活における必ずしも意識されていないような偏見や差別意識といったマイクロアグレッション（microaggression）について説明しました。

　15時からは、非常勤雇用されている女性従業員Dさんと面接します。勤務

先の企業は、最近になって障害者雇用に力を入れており、Aさんのカウンセリング室もその一環として整備されたものでした。Dさんは、精神科病院でうつ病の治療を受けながら、会社内の比較的なじみやすい業務に携わっています。Dさんは、会社における様々な配慮に感謝しながらも、気持ちの浮き沈みに悩まされ続けている心情を語ります。とくにDさんを苦しめているのは、一人息子さんが児童相談所を通じて児童養護施設に保護されており、なんとか少しでも早く施設から引き取り、一緒に暮らしたいという気持ちを抑えられないでいるということにあるようです。Aさんは、Dさんの子どもに対する気持ちを受け止めながら、焦ることなく今できることを一つひとつ取り組んでいくことができるよう、Dさんに働きかけていきます。

16時30分からは、人事部のカウンセリング担当の職員Eさんとの打合せです。近く実施予定のストレスチェックについて最後の詰めを行いました。Aさんは、昨年、ストレスチェック実施者養成研修を修了し、今年からその実施を担当しています。

その後、Aさんは、人事部が気にかけている職員の方々についての相談に応じます。Eさんの立場からは、カウンセリングを利用している職員の情報を少しでも多く知りたいところでしょうが、心理職としての守秘義務に加えて、社員の健康情報については、厚生労働省の指針に基づいて定められた「健康情報等の取扱規程」によって厳格な取り扱いが求められていることから、Aさんは慎重に情報を共有しながら、関係者へのコンサルテーションを行っていきます。

2　産業・労働分野とは

産業・労働分野とはどのような分野であり、どのような特徴があるのでしょうか。また、心理職は、この分野でどのように働いているのでしょうか。

（1）産業・労働分野の定義

　産業・労働分野は、働くことに関する心理的支援業務を行う領域をいいます。すでに就労している労働者をはじめとして、これから就労しようとしている求職者も対象としています。

（2）産業・労働分野の制度の概要

　産業・労働分野の心理職に関連する主な法令等は、次のとおりです。この分野では、こうした法令だけではなく、厚生労働省から発出されている多数の指針等に従って制度が運用されているという特徴があります。

　また、近年の急速な少子高齢化の進行、多様な働き方へのニーズの高まりなどの影響を受けて、それらは頻繁に改正されています。このため、産業・労働分野の心理職には、各制度の具体的な内容や改定の動向に対してつねに注意を払い、それらを正しく理解しておくことが求められます。

【法律等】

○労働基準法

○労働安全衛生法（安衛法）

○労働施策の総合的な推進並びに労働者の雇用の安定及び職業生活の充実等に関する法律（労働施策総合推進法）

○雇用の分野における男女の均等な機会及び待遇の確保等に関する法律（男女雇用機会均等法）

○労働安全衛生規則

【厚生労働省の指針等】

○事業場における労働者の健康保持増進のための指針（THP指針）

○労働者の心の健康の保持増進のための指針（メンタルヘルス指針）

○職場における心とからだの健康づくりのための手引き～事業場における労働者の健康保持増進のための指針～

○職場における心の健康づくり～労働者の心の健康の保持増進のための指針～

○労働者の心身の状態に関する情報の適正な取扱いのために事業者が講ずべき

第6章 心理職が働く現場⑤ 産業・労働分野

表6-1 産業・労働分野の主な心理職

区　分	勤務先機関	心理職の職名・呼称
職場内組織	健康管理・相談室	公認心理師 心理職 心理士 相談員 心理援助職 心理相談担当者 心理相談員 など
	人事管理部門	
職場外団体	健康管理・相談機関	
	医療機関（病院、診療所）	
公的機関	公共職業安定所（ハローワーク）	
	障害者職業センター 障害者就業・生活支援センター 就労移行支援事業所	
民間団体等	職業紹介事業者	
	学校（キャリアセンター　など）	

　措置に関する指針

○事業場における労働者の健康情報等の取扱規定を策定するための手引き

○心理的な負担の程度を把握するための検査及び面接指導の実施並びに面接指
　導結果に基づき事業者が講ずべき措置に関する指針

○改訂心の健康問題により休業した労働者の職場復帰支援の手引き〜メンタル
　ヘルス対策における職場復帰支援〜

○事業主が職場における優越的な関係を背景とした言動に起因する問題に関し
　て雇用管理上講ずべき措置等についての指針

（3）産業・労働分野で働く心理職

　産業・労働分野の心理職の所属機関や職名・呼称は、表6－1のとおりです。
産業・労働分野の特徴の一つには、その職場の多くが民間の営利組織であると
いうことがあります。このことは、公的な制度の変更などによって一律に心理
職が配置されたりするようなことは少ないものの、心理職の有用性が広く認め
られれば、その活動領域が大きく広がり得ることを示しています。

第Ⅰ部　心理職の仕事の実際

3　産業・労働分野では何が問題になっているのか

　人々のライフサイクルの中で労働に従事する期間は、平均的に見るとその人の生涯の半分程度を占めており、出生から就労前の青年期までの期間に比べても大幅に長いものとなっています。

　産業・労働分野は、このような人々の人生の大部分を占める期間の働き方をめぐる問題を対象としています。

（1）産業・労働分野における課題

　近年の急速な少子高齢化によって、今後、就業できる年齢の人口が大幅に減少し、社会を維持するために必要とされる労働力が不足することが見込まれています。また、育児や介護といったその人の生き方に大きな影響を与えるライフイベントについては、人によって状況が大きく異なっています。

　このため、産業・労働分野においては、人々がそれぞれのニーズに応じた多様な働き方を選択できるようにしていくことが重要な課題となっています。

①働き方改革の推進

　以上のような観点から、2018 年、「働き方改革を推進するための関係法律の整備に関する法律（働き方改革関連法）」が成立し、順次施行されています。

　これにより、①フレックスタイム制の拡充、②時間外労働の上限規制、③年次有給休暇の確実な取得、④高度プロフェッショナル制度の創設などといった労働条件の改善が図られています。

　こうした労働環境の向上に向けた取組は、これからも続いていくものと期待されます。

②職場のメンタルヘルス対策の充実

　このような働くことをめぐる取組みにもかかわらず、近年、職場におけるメ

図6-1 精神障害の労災請求件数と支給決定（認定）件数
（出典）厚生労働省（2024a）p.72.

ンタル不全により働くことが困難となる労働者が増え続けています。

　第1章でも見てきたように、精神疾患者数の増加は、現代社会の大きな課題の一つとなっており、この問題は、人々が働く場面でも顕著に認められます。図6-1は、精神障害の労災請求件数の推移ですが、最近10年間で2倍以上に増加しています。それに伴って認定件数も増えており、このうち自殺した労働者の数は80人前後と高水準で推移しています（厚生労働省、2024b、2024c）。

　こうした深刻な状況を踏まえて、厚生労働省は、労働災害の防止に関する基本となる目標、重点課題等として定められる「労働災害防止計画」（第14次。計画期間は2023年度～2027年度。労働安全衛生法第6条）において、「労働者の健康確保対策の推進」という目標を掲げ、その中で、ストレスチェック制度の実施とハラスメント防止対策への取組を重点課題として示しています。

　このうちストレスチェック制度とは、労働者のメンタルヘルス不調の未然防

止を主な目的として、ストレスに関する質問票（選択回答）に労働者が記入し、それを集計・分析することをいい、これにより、労働者自身のストレスへの気づきを促すとともに、ストレスの原因となる職場環境の改善につなげようとするものです。労働安全衛生法第66条の10に基づいて2015年から導入されており、50人以上が働く職場においては年1回以上実施することが義務付けられています。

　ストレスチェックの具体的な実施方法などについては、厚生労働省によって定められており、心理職のうち厚生労働大臣が定める研修を修了した公認心理師は、ストレスチェックの実施者となることができます（労働安全衛生規則第52条の10）。

　③ハラスメントの防止
　また、職場におけるハラスメント防止対策への取組についてですが、「ハラスメント」（harassment）とは、人に対するいやがらせや人を困らせることを意味しており、これには、セクシャルハラスメント、パワーハラスメント、マタニティハラスメントなどの種類があります。

　このうち「セクシャルハラスメント」は、男女雇用機会均等法第11条第1項に「職場において行われる性的な言動に対するその雇用する労働者の対応により当該労働者がその労働条件につき不利益を受け、又は当該性的な言動により当該労働者の就業環境が害されること」と明示されており、事業主は労働者からの相談に応じ、適切に対応するために必要な体制の整備その他の雇用管理上必要な措置を講じなければならないとされています。

　また、「パワーハラスメント」については、2019年に成立した改正労働施策総合推進法第30条の2第1項に「職場において行われる優越的な関係を背景とした言動であって、業務上必要かつ相当な範囲を超えたものによりその雇用する労働者の就業環境が害されること」と明示されており、同様に、事業主は労働者からの相談に応じ、必要な措置を講じなければならないとされています。

　ハラスメントは、その人がその人らしくあることを否定し、傷つけ、将来に

第6章　心理職が働く現場⑤　産業・労働分野

深刻な影響を及ぼす人権侵害行為です。労働の場面に限ることなく、ハラスメントのない社会の実現に向けて取り組んでいくことが強く求められています。

（2）産業・労働分野の心理職に求められているもの

　産業・労働分野の心理職にはどのような事がらが求められているのでしょうか。この分野の心理的支援業務の特徴を踏まえながら、考えていきたいと思います。

①心の健康対策への理解

　これまで述べてきたように、産業・労働分野においては、労働者の心の健康の保持増進のために様々な取組みが進められています。心理職としてこの分野で仕事をする際には、それらについてよく理解し、適切に心理的支援業務にあたる必要があります。

　たとえば、労働安全衛生法第70条の2第1項には、厚生労働大臣は、事業者が講ずべき健康の保持増進のための措置に関して、その適切かつ有効な実施を図るため必要な指針を公表するものとするとされており、同条に基づいて、「労働者の心の健康の保持増進のための指針（メンタルヘルス指針）」、「事業場における労働者の健康保持増進のための指針（THP指針）」などが示されています。

　このうち前者の「メンタルヘルス指針」が、前述のストレスチェック制度を定めたものになります。

　また、後者の「THP指針」は、働く人が心身の両面にわたる健康的な生活習慣に行動変容できるよう計画的に行う健康教育などの活動のことをいい、THP、すなわちトータル・ヘルスプロモーション・プラン（Total Health promotion Plan）といった方針が示されています。

　さらに、労働者に対する支援プログラムとしては、「従業員支援プログラム（EAP）」（Employee Assistance Program）といった手法が開発されており、働く人の心身の健康に関する相談に対応する体制が整備されてきています。

　また、従業員支援の面では、心身の不調により職場を長期間休むことになっ

71

第Ⅰ部　心理職の仕事の実際

た労働者の職場復帰を支援する「リワーク」（return to work の略称）といった取組も重要となります。これについては、厚生労働省から「改訂心の健康問題により休業した労働者の職場復帰支援の手引き」といった資料も公表されています。

　産業・労働分野の心理職には、このような多様な取組みへの理解が求められます。

　②守秘義務や多重関係の取扱いの難しさ

　事例にあるAさんは、職場内の相談室の非常勤の心理職として心理的支援業務に携わっており、夕刻には、同じ職場内の人事担当者とのミーティングが行われました。このように、職場内相談室の心理職は、人事部局と密接に連携できるという大きなメリットがあります。

　他方、要支援者等の秘密の保持の面では、難しい課題に直面することになります。第8章で述べるように、心理職には、その職業倫理として、また、このうち公認心理師には法的義務として、要支援者等の秘密保持の義務が課せられています。

　これに加えて、産業・労働分野においては、労働安全衛生法第104条第3項及びじん肺法第35条の3第3項に基づいて「労働者の心身の状態に関する情報の適正な取扱いのために事業者が講ずべき措置に関する指針」が公表されており、各職場においては、これに従って、職場ごとの「健康情報等の取扱規程」が策定されていることがあります。職場内の心理職は、当然これに従わなければなりません。

　このように、産業・労働分野の心理職は、要支援者等の守秘義務をめぐって大変難しい立ち位置にあることになります。

　さらに、身分は職場にありながら、相談室内では支援者、要支援者という関係となることから、いわゆる多重関係（第8章）が容易に生じやすいといった問題にも直面します。

　このように、とくに職場内組織で心理的支援業務に携わる場合には、心理職

第6章 心理職が働く現場⑤ 産業・労働分野

としてより高度な臨床的対応力が必要とされることになります。

引用文献

厚生労働省（2024a）．令和6年版厚生労働白書――こころの健康と向き合い、健やかに暮ら
すことのできる社会に 日経印刷

厚生労働省（2024b）．令和5年度我が国における過労死等の概要及び政府が過労死等の防
止のために講じた施策の状況（https://www.mhlw.go.jp/content/11200000/001314678.
pdf）（2025年2月6日閲覧）

厚生労働省（2024c）．令和5年度「過労死等の労災補償状況」を公表します（https://
www.mhlw.go.jp/stf/newpage_40975.html）（2025年2月6日閲覧）

第 II 部

心理職に求められること

第Ⅰ部で見てきたように、心理職は、多様な分野で多くの仕事に携わっています。そこには、同じ心理職として共通する役割や機能、コンピテンシー、倫理があること、また、これと同時に、各心理職が所属する職種に特有の役割や機能等があり、その両者を矛盾なく理解し、実践することが重要となっていることなどが理解できたのではないでしょうか。

　第Ⅱ部では、このうち全ての心理職に共通する重要な事項について、さらに詳しく見ていくことにしましょう。併せて、各職種に特有の倫理などとの間のジレンマなどについても取り上げます。

第7章

公認心理師とはどのような資格か

　心理職に共通する重要事項の最初の項目として、心理職の資格について取り上げます。

　ある職業が専門職として社会から認知されるためには、そのことを保証する資格制度が整備されていることが重要となります。第1章で説明したように、心理職をめぐる資格については、心理職が多様な職種を含んでいることもあって、現在、数多く存在しているのが実情です。

　これらの中には、商業的な意味合いが強く、一般には専門職として評価されていない資格もありますから、十分に注意が必要です。数多い心理職の資格のうち国家資格とされている唯一の資格が「公認心理師」になります。

1　公認心理師法の成立

　国家資格とは、国の法律に基づいて定められている資格のことをいいます。国家資格は、その性質から、社会から最も信頼されている資格ということができるでしょう。公認心理師を規律している法律は、「公認心理師法」になります。

（1）公認心理師法の立法経緯

　公認心理師法は、2015年9月9日に議員立法により成立し、9月16日に公布され、2017年9月15日に施行されました。これにより、日本ではじめて「心理職」としての国家資格が誕生したのです。

　この公認心理師の成立には、多くの困難がありました。

第Ⅱ部　心理職に求められること

　心理実践の現場では、早くから心理職の国家資格化の必要性が指摘されており、とくに精神科医療の分野では、心理職や福祉職の国家資格制度化について国会で議論されるようになっていました。このうち、社会福祉の専門家である「精神科ソーシャルワーカー」については、1997 年に精神保健福祉士法が成立し、1998 年 4 月に施行されて国家資格化されました。しかし、心理職である「臨床心理技術者」については、心理職の側と医療職の側との意見が合わないことなどもあり、立法には至りませんでした。その主な論点は、心理職が「臨床」という名称を用いることの当否、心理職が医療の現場において医師の指示に従うことの当否、試験の際に必要とされる学歴等の受験資格などです。

　こうした対立点を乗り越えるため、2005 年にかけて、「臨床心理士」と「医療心理師」という二つの資格を定める法案（いわゆる「二資格一法案」）が検討されたりしましたが、両者の対立は解消されず、成案に至ることはありませんでした。

　しかし、第 1 章で見てきたように、その後も心の問題などから自ら命を絶ってしまう人は高水準で推移し、さらに、2011 年 3 月 11 日には東日本大震災が発生して被災者に対する心のケアの重要性が認識されるようになりました。

　そして、ここに至ってようやく関係団体が歩み寄ることができ、2014 年に議員立法という形で法案が国会に提出され、翌 2015 年に成立して心理職の国家資格化が実現したのです。

（2）臨床心理士等の他資格との関係

　このように、心理職としての国家資格の実現には長い年月を要しました。そのため、心理職の資格をめぐっては、現在、数多くの民間資格が林立する状況が生じてしまっています。

　その中でも、長い歴史を持ち、広く社会の信用を得ている資格の一つに、1988 年から公益財団法人日本臨床心理士資格認定協会（以下、「認定協会」という。）によって認定されている「臨床心理士」があります。

　そして、実際には、国家資格である公認心理師制度は、先行していたこの臨

床心理士の制度を土台として設計されているような面が認められます。では、臨床心理士と公認心理師にどのような違いがあるのかについて見ておくことにしましょう。

　最初に職務内容の面ですが、臨床心理士の職務内容は、臨床心理士資格審査規程第11条に規定されており、①臨床心理査定、②臨床心理面接、③臨床心理的地域援助、④以上に関する調査・研究、とされています。これを後述の公認心理師と比較すると、両者の職務内容の主要な部分については、ほぼ同様の内容となっています。

　実際に、スクールカウンセラーなどの多くの職種において、具体的な採用条件として臨床心理士または公認心理師の資格取得が併記される傾向にあり、ほぼ同様に取り扱われていることがわかります。

　他方、相違点としては、臨床心理士の職務内容には、「④調査・研究」がとくに明記されていること、公認心理師の職務内容では、「心理に関する支援を要する者」（公認心理師法第2条第2号）と「心理に関する支援を要する者の関係者」（同条第3号）に対する心理支援がそれぞれ独立して明記されていることなどが挙げられます。

　ただし、こうした職務内容をめぐっては、医療領域においては注意が必要となっています。すなわち、保健医療の診療報酬基準においては、いずれの算定要件でも公認心理師によることが明記されており、臨床心理士資格だけでは対応できないこととされています。このため、主に保健医療分野では、公認心理師の資格取得が必要とされる可能性が考えられます。

　次に、両資格試験の受験資格についてですが、臨床心理士になるためには、基本的に、認定協会が指定する「指定大学院」または「専門職大学院」を修了して受験資格を得たのち、認定協会が実施する資格試験に合格する必要があります。この指定大学院の多くでは、公認心理師養成課程として公認心理師となるために必要な科目が教えられていることから、大学院生の多くは、臨床心理士と公認心理師の両資格の受験資格を得るために学んでいるのが実情です。

　また、臨床心理士の受験資格においては、大学での修学内容は問われていま

第Ⅱ部　心理職に求められること

せん。このため、大学院だけではなく大学においても心理学等の必要科目の履修が求められている公認心理師とは異なり、臨床心理士については、どのような学部の出身者であっても指定大学院を修了していれば受験資格を得ることができます。

　以上のように、公認心理師と臨床心理士とは、基本的に重複する職務内容となっているものの、細かい点での相違も認められます。臨床心理士は、公的資格がなかなか実現されないという時代背景のもとで創設されたものであり、公認心理師資格が誕生した現在、どのような専門職を目指すのかが課題となってくるものと思われます。

2　公認心理師の基本的な役割

　それでは、公認心理師の基本的な役割と職務内容について見ていきましょう。これについては、公認心理師法第1条および第2条に規定されています。

【公認心理師法】
（目的）
第一条　この法律は、公認心理師の資格を定めて、その業務の適正を図り、もって国民の心の健康の保持増進に寄与することを目的とする。
（定義）
第二条　この法律において「公認心理師」とは、第二十八条の登録を受け、公認心理師の名称を用いて、保健医療、福祉、教育その他の分野において、心理学に関する専門的知識及び技術をもって、次に掲げる行為を行うことを業とする者をいう。
一　心理に関する支援を要する者の心理状態を観察し、その結果を分析すること。
二　心理に関する支援を要する者に対し、その心理に関する相談に応じ、助言、指導その他の援助を行うこと。
三　心理に関する支援を要する者の関係者に対し、その相談に応じ、助言、指

第7章　公認心理師とはどのような資格か

　　導その他の援助を行うこと。
　四　心の健康に関する知識の普及を図るための教育及び情報の提供を行うこと。

　公認心理師法の目的として、「公認心理師の資格を定めて、その業務の適正
を図り、もって国民の心の健康の保持増進に寄与すること」と規律されている
ことから、公認心理師の基本的な役割は、「国民の心の健康の保持増進に寄与
する」ことにあるということができます。

　この基本的役割は、本章以下で説明する公認心理師の職務と職責を理解する
上での大原則となります。

3　公認心理師の職務内容

　公認心理師の定義は、公認心理師法第2条に明示されています。すなわち、「第
二十八条の登録（引用者注：公認心理師登録簿への登録）を受け、公認心理師の名
称を用いて、保健医療、福祉、教育その他の分野において、心理学に関する専
門的知識及び技術をもって、次に掲げる行為を行うことを業とする者」とされ
ています。

　この「次に掲げる行為」とは以下の4事項であり、これらが公認心理師が担
うことになる職務の内容となります。

（1）心理アセスメント

　公認心理師の職務内容の第一は、「心理に関する支援を要する者の心理状態
を観察し、その結果を分析すること。」（同法第2条第1号）です。一般に、「心
理アセスメント」と呼ばれています。

　第Ⅰ部の「心理職の仕事の実際」を振り返ってみましょう。

　主要5分野のそれぞれにおいて、心理職は、その後の心理支援などの前提と
して、各分野に対応した「心理アセスメント」を行っていました。

81

第Ⅱ部　心理職に求められること

　たとえば、保健医療分野では、精神科医療領域で標準となっている精神疾患
の診断分類・診断基準（ICD-10、DSM-5-TR）の知識に基づく見立てが不可欠に
なっています。また、福祉分野では、トラウマインフォームドケア（TIC）（第
4章）の視点が重要であり、司法・犯罪分野をはじめとする各分野では、近年、
BPSモデル（生物心理社会モデル）に基づく調査が主流となっています（第11章）。
　このように、心理支援を適切に行うためには、その前提としての「心理アセス
メント」を的確に行うことが何よりも重要となるのです。
　それでは、大学で心理アセスメントを学ぶ上で、どのような事項に留意する
必要があるでしょうか。
　これについては、公認心理師法の成立後に、厚生労働省が「公認心理師カリ
キュラム等検討会」（以下「カリキュラム等検討会」という。）を開催して検討し、
平成29年5月31日付け「公認心理師カリキュラム等検討会報告書」（以下「検
討会報告書」という。）として公表されています。これによると、心理アセスメ
ントの関連では、次のとおり「大学及び大学院における公認心理師のカリキュ
ラムの到達目標」として整理されています。大学および大学院で学ぶに当たっ
ては、これらの到達目標をよく理解し、主体的に学習していくことが大切にな
ります。

【「心理状態の観察及び結果の分析」の到達目標】（検討会報告書〔2〕、14）
①心理的アセスメントに有用な情報（生育歴や家族の状況等）及びその把握の手
　法等について概説できる。
②心理に関する支援を要する者等に対して、関与しながらの観察について、そ
　の内容を概説することができ、行うことができる。
③心理検査の種類、成り立ち、特徴、意義及び限界について概説できる。
④心理検査の適応及び実施方法について説明でき、正しく実施し、検査結果を
　解釈することができる。
⑤生育歴等の情報、行動観察及び心理検査の結果等を統合させ、包括的に解釈
　を行うことができる。

⑥適切に記録、報告、振り返り等を行うことができる。

（２）心理支援

　第二は、「心理に関する支援を要する者に対し、その心理に関する相談に応じ、助言、指導その他の援助を行うこと。」（同法第2条第2号）です。一般に、「心理支援」と呼ばれています。

　この心理支援は、一対一での面談に限らず、実際に公認心理師が要支援者に対して働きかける活動の全てを含んでおり、公認心理師の職務の中核となります。第Ⅰ部「心理職の仕事の実際」からもわかるように、心理職は、多様な分野において、様々な心理支援活動を行っています。それらは、重い心の問題を抱えた要支援者に対して特定の理論に基づいて重点的に面接を重ねる「心理療法」から、比較的健康度の高い要支援者に対して支援的にかかわっていく「カウンセリング」まで多岐にわたっています。ここでは、それらすべてを含めて「心理支援」と呼ぶことにします。

　心理支援の技術をいかに身に付けていくのかについては、それがそのまま心理職としての成長と同義となることから、日々の現実の支援活動を通じて試行錯誤を繰り返す中で、生涯を通じて学び続けていくということになります。

　また、大学および大学院教育においては、講義、演習、実習などを通じて体系的に学ぶことができるようカリキュラムが組まれており、その際の到達目標については、カリキュラム等検討会において次のように整理されています。

【「心理に関する支援（相談、助言、指導その他の援助)」の到達目標】（検討会報告書〔2〕、15)

①代表的な心理療法並びにカウンセリングの歴史、概念、意義及び適応について概説できる。

②訪問による支援や地域支援の意義について概説できる。

③心理に関する支援を要する者の特性や状況に応じて適切な支援方法を選択・調整することができる。

第Ⅱ部　心理職に求められること

④良好な人間関係を築くためのコミュニケーション能力を身につける。

⑤心理療法やカウンセリングの適用には限界があることを説明できる。

⑥心理に関する支援を要する者等のプライバシーに配慮できる。

（3）関係者支援（コンサルテーション）

　第三は、「心理に関する支援を要する者の関係者に対し、その相談に応じ、助言、指導その他の援助を行うこと。」（同法第2条第3号）です。一般に、「関係者支援」（コンサルテーション）と呼ばれています。

　関係者支援の具体的内容については、基本的には、上述の要支援者等に対する「心理支援」と同様のものになります。

　さらに、関係者が他機関や地域に所属している場合には、多職種連携・地域連携といった観点も重要となってきます。この多職種連携・地域連携については第11章で詳しく見ていきますが、大学および大学院教育における到達目標として、次のように整理されています。

【「多職種連携・地域連携」の到達目標】（検討会報告書〔2〕、3）

①多職種連携・地域連携による支援の意義について理解し、チームにおける公認心理師の役割について説明できる。

②実習において、支援を行う関係者の役割分担について理解し、チームの一員として参加できる。

③医療機関において「チーム医療」を体験する。

（4）心の健康教育

　最後は、「心の健康に関する知識の普及を図るための教育及び情報の提供を行うこと。」（同法第2条第4号）です。一般に、「心の健康教育」と呼ばれています。

　公認心理師法第1条（目的）では、「この法律は、公認心理師の資格を定めて、その業務の適正を図り、もって国民の心の健康の保持増進に寄与することを目

的とする。」と記されており、「国民の心の健康の保持増進」が公認心理師の職責の究極の目的であることが示されています。

第Ⅰ部の「心理職の仕事の実際」で見てきたように、教育分野においては、2022年12月の文部科学省「生徒指導提要」の全面改訂を踏まえて、「発達支持的生徒指導」として常態的・先行的な生徒指導が求められるようになり、その中で児童生徒に対する心理教育が積極的に行われるようになっています（第2章）。また、司法・犯罪分野では、2015年6月施行の少年鑑別所法によって、少年鑑別所が地域の非行及び犯罪の防止に関する援助を行う地域援助業務を担うことが規定され、各少年鑑別所に法務少年支援センターが設置されるようになりました（第5章）。

このように、心の健康教育については、各分野において着実に取り組まれるようになっているものの、心理職の職務としての重要性が指摘されるようになったのが比較的新しいことから、今後一層の進展が期待される職務内容ということができるでしょう。

4　公認心理師資格の性質

なお、公認心理師資格の性質として重要なことは、これが、資格を有しない者がその名称を用いてはならない旨が規定されている「名称独占」であるということです。公認心理師法には、以下のように規定されています。

【公認心理師法】
（名称の使用制限）
　第四十四条　公認心理師でない者は、公認心理師という名称を使用してはならない。
　2　前項に規定するもののほか、公認心理師でない者は、その名称中に心理師という文字を用いてはならない。

第Ⅱ部　心理職に求められること

表7-1　業務独占と名称独占

区　分	内　容	職務の例
業務独占	当該資格を有しない者が一定の業務を行うことができない旨が規定されている資格。多くは名称独占を伴う。	医師、歯科医師、看護師、薬剤師、助産師、診療放射線技師、弁護士、行政書士、公認会計士、一級建築士など
名称独占	当該資格を有しない者がその名称を用いてはならない旨が規定されている資格。	公認心理師、社会福祉士、精神保健福祉士、保育士、介護福祉士、栄養士など

　これに対して、医師、看護師等の資格は、当該資格を有しない者が一定の業務を行うことができない旨が規定されている「業務独占」です。

　両者についてまとめると、表7-1のようになります。

　第3章で説明したように、医師や看護師については、その業務が業務独占とされていることから、原則として、医師や看護師でない者が医行為（医師の医学的判断及び技術をもってするのでなければ人体に危害を及ぼし、又は危害を及ぼすおそれのある行為）や療養上の世話又は診療の補助を行うことは禁じられており、これに違反すると医師法や保健師助産師看護師法に基づいて処罰されることになります。

　他方、公認心理師の業務は「名称独占」とされていることから、公認心理師という名称を使用しない限り、誰であっても公認心理師の業務とされている上記の行為を自由に行うことができます。

5　公認心理師になるためには

　公認心理師になるためには、公認心理師試験に合格して公認心理師となる資格を有した上で（公認心理師法第4条）、文部科学省及び厚生労働省に備え付けられる「公認心理師登録簿」に氏名、生年月日等が登録される必要があります（同法第28条、第29条）。

　また、文部科学大臣及び厚生労働大臣は、これらの試験の実施に関する事務

第7章　公認心理師とはどのような資格か

を「指定試験機関」に、登録の実施の事務を「指定登録機関」にそれぞれ行わせることができるとされており（同法第10条第1項、第36条第1項）、現在、「一般財団法人公認心理師試験研修センター」が両者の指定を受けています。

（1）公認心理師資格の取得ルート

　公認心理師資格の取得ルートは、図7－1のとおりです。

　まず、公認心理師試験を受験するためには、公認心理師法によって、主に次の三つの受験資格が定められています。

①大学院ルート（区分A）（同法第7条第1号）

　大学（短期大学を除く。以下同じ。）において心理学その他の公認心理師となるために必要な科目として省令で定めるものを修めて卒業し、かつ、同法に基づく大学院において心理学その他の公認心理師となるために必要な科目として省令で定めるものを修めてその課程を修了した者その他その者に準ずるものとして省令で定める者

②プログラム施設ルート（区分B）（同法第7条第2号）

　大学において心理学その他の公認心理師となるために必要な科目として省令で定めるものを修めて卒業した者その他その者に準ずるものとして省令で定める者であって、省令で定める施設において省令で定める期間以上第二条第一号から第三号までに掲げる行為の業務に従事したもの

③認定者ルート（区分C）（同法第7条第3号）

　文部科学大臣及び厚生労働大臣が前二号に掲げる者と同等以上の知識及び技能を有すると認定した者

　以上のように、公認心理師資格の取得ルートは、「①大学院ルート」の大学院の修了者を基本としつつも、「②プログラム施設ルート」のように大学卒業者も受験資格を得ることができる制度になっています。「③認定者ルート」については、主に外国の大学、大学院等の卒業、修了者などを対象にしています。

　このうち、「②プログラム施設ルート」として指定されている「プログラム

87

第Ⅱ部 心理職に求められること

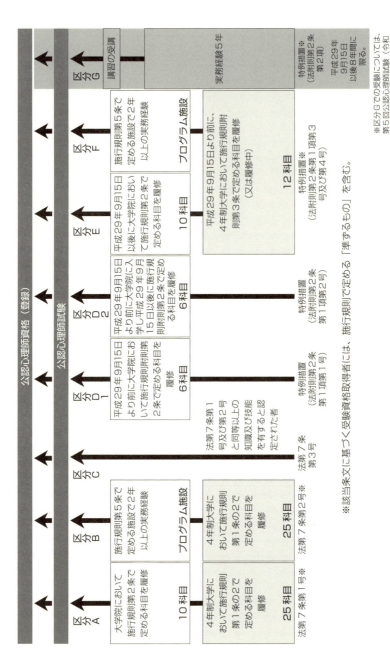

図7-1 公認心理師の資格取得方法について

(出典) 厚生労働省HP

第7章　公認心理師とはどのような資格か

表7－2　プログラム施設一覧

	施設名	照会先	所在地
1	少年鑑別所及び刑事施設	法務省矯正局	全国各所の該当施設
2	一般財団法人愛成会　弘前愛成会病院	左に同じ	青森県弘前市
3	裁判所職員総合研修所及び家庭裁判所	最高裁判所事務総局家庭局	埼玉県和光市及び全国の家庭裁判所
4	医療法人社団至空会　メンタルクリニック・タダ	左に同じ	静岡県浜松市
5	医療法人社団心劇会　さっぽろ駅前クリニック	左に同じ	北海道札幌市
6	学校法人川崎学園　川崎医科大学附属病院	左に同じ	岡山県倉敷市
7	学校法人川崎学園　川崎医科大学総合医療センター	左に同じ	岡山県岡山市
8	社会福祉法人風と虹　筑後いずみ園	左に同じ	福岡県筑後市
9	社会福祉法人楡の会	左に同じ	北海道札幌市

※所在地はプログラムを実施する施設所在地であり、法人本部と
　異なる場合があります。
（出典）厚生労働省HP（一部改変）

施設」ですが、2025年2月現在、表7－2の9機関が指定されています。

　ここからわかるように、現在のところプログラム施設の数は限られており、主に家庭裁判所や少年鑑別所などに公務員として就職した人がこのルートから公認心理師受験資格を得ているのが実情となっています。

（2）公認心理師試験

　次に、公認心理師試験についてですが、検討会報告書において次のとおり整理されており、2018年から毎年1回実施されています。

【「公認心理師試験について」】（検討会報告書〔8〕の要旨）
（出題範囲）

第Ⅱ部　心理職に求められること

①出題範囲として詳細な科目は定めず、「公認心理師として具有すべき知識及び技能」について出題する。

②医師国家試験の出題基準及びブループリントに相当するものを作成し、出題に際して準拠する基準とする。

（試験の実施方法）

①全問マークシート方式とし、１日間で実施可能な範囲（実施時間として合計300分程度を上限）で150〜200問程度を出題する。

②試験問題のうち、ケース問題を可能な限り多く出題する。

③試験の実施時間は、１問当たり１分（ケース問題については同３分）を目安とする。

④公認心理師としての基本的姿勢を含めた基本的能力を主題とする問題と、それ以外の問題を設ける。

⑤障害のある受験者については、回答方法等、受験上の配慮をする。

（合格基準）

①全体の正答率は60％程度以上を基準とする。

②基本的能力を主題とする問題の正答率は、試験の実施状況を踏まえ、将来的に基準となる正答率を定める。

　このうち試験の出題範囲についてですが、出題基準の各項目（大項目・中項目・小項目）と大項目ごとの出題割合を示した「出題基準・ブループリント」が、試験実施機関である「一般財団法人公認心理師試験研修センター」から毎年公表されています。

（３）大学・大学院教育の特徴

　以上のように、公認心理師になるためには、大学及び大学院において、文部科学省及び厚生労働省の省令で定められた内容の教育を受け、それぞれ卒業及び修了している必要があります。

　このように手厚い教育内容が定められているのは、公認心理師の職責の重さ

第7章　公認心理師とはどのような資格か

を踏まえてのことであるといえるでしょう。

　これを受けて、大学及び大学院においては、各学校における特質を前提として、次のような特徴のある教育が実施されています。

①必要とされる課目名、到達目標、教育内容等について、文部科学省の通知に基づいて、各大学及び大学院である程度統一されている。
②公認心理師の職務内容を踏まえて、実習及び演習が重視されている。また、講義科目についても、実習と連携するよう工夫がなされている。
③実習及び演習を担当する教員及び実習指導者について、文部科学省の通知に基づいて担当できる条件が定められているなど、指導態勢が整備されている。
④基礎的な分野から実践分野まで、心理学を広く学ぶことができる。
⑤保健医療、教育、福祉、司法・犯罪、産業・労働の主要5分野について、満遍なく学ぶことができる。とくに、一定程度の医学知識（精神医学を含む。）を学ぶなど、保健機関や医療機関との連携面が重視されている。

　他方、課題としては、2024年7月付け文部科学省・厚生労働省「公認心理師法附則第5条に基づく対応について」によると、「より現場に必要な高度な専門的知識・技能を備えた人材育成に向け、カリキュラムの修正及び充実等が必要である」、「公認心理師の質の更なる維持・向上のため、実習科目の指導体制をより整備することが必要である」などと指摘されています。

　今後、これらの問題に適切に対応し、公認心理師カリキュラムの一層の向上を図っていくことが求められています。

引用文献

厚生労働省HP　公認心理師試験の受験を検討されている皆さまへ（https://www.mhlw.go.jp/stf/newpage_26518.html）（2024年12月23日閲覧）

厚生労働省（2017）．公認心理師カリキュラム等検討会報告書（https://www.mhlw.go.jp/file/05-Shingikai-12201000-Shakaiengokyokushougaihokenfukushibu-Kikakuka/0000169346.

第Ⅱ部　心理職に求められること

pdf）（2025 年 1 月 4 日閲覧）

文部科学省・厚生労働省（2024）．公認心理師法附則第 5 条に基づく対応について（令和 6 年 7 月）（https://www.mhlw.go.jp/content/12201000/001271107.pdf）（2025 年 1 月 4 日閲覧）

第 *8* 章

心理職としての義務と倫理

心理職に共通する重要事項の第二として、心理職の義務と倫理があります。

公認心理師は、国家資格である以上、法律上の義務が課せられています。また、心理職には、その性質から、職務遂行上高い倫理性が求められているのです。

1　心理職が担う義務とは

心理職の業務分野は多様であることから、心理職として担うべき義務についても、複数の規律等が重複して適用されることになります。それらは、おおよそ表8－1のように区分されます。

（1）公認心理師としての法的義務

公認心理師としての法的義務については、公認心理師法第40条から第43条に規定されています。

表8－1　心理職の義務

区　分	根拠規定	法的罰則
①公認心理師としての法的義務	公認心理師法	あり
②各職種における法的義務	各職種を規律する法律	あり（一部）
③心理職に共通して求められる義務（倫理）	職能団体が策定する倫理綱領等	なし

93

第Ⅱ部　心理職に求められること

【公認心理師法】

（信用失墜行為の禁止）

第四十条　公認心理師は、公認心理師の信用を傷つけるような行為をしてはならない。

（秘密保持義務）

第四十一条　公認心理師は、正当な理由がなく、その業務に関して知り得た人の秘密を漏らしてはならない。公認心理師でなくなった後においても、同様とする。

（連携等）

第四十二条　公認心理師は、その業務を行うに当たっては、その担当する者に対し、保健医療、福祉、教育等が密接な連携の下で総合的かつ適切に提供されるよう、これらを提供する者その他の関係者等との連携を保たなければならない。

2　公認心理師は、その業務を行うに当たって心理に関する支援を要する者に当該支援に係る主治の医師があるときは、その指示を受けなければならない。

（資質向上の責務）

第四十三条　公認心理師は、国民の心の健康を取り巻く環境の変化による業務の内容の変化に適応するため、第二条各号に掲げる行為に関する知識及び技能の向上に努めなければならない。

---

①信用失墜行為の禁止（法第40条）

　信用失墜行為とは、信用を傷つけ、全体の不名誉となるような行為のことを言います。

　公務に従事する公務員は、国民全体の奉仕者として公共の利益のために勤務するという基本的な性格を持っていますから、倫理上の行為規範についても、法律上の規範として規定されています（国家公務員法第99条、地方公務員法第33条など）。

　公認心理師は、その全員が公務員ということではありませんが、国家資格としてその資格が与えられている以上、国民の負託に応える姿勢が強く求められ

94

第8章　心理職としての義務と倫理

表8-2　信用失墜行為の例

職務に直接関連する行為	犯罪行為
	不適切な行為（専門職倫理に反する行為など）
職務に直接は関連しない行為	犯罪行為
	重大な交通事故、交通違反など
	不適切な行為（不適切な性行為、ハラスメントなど、広く一般の倫理に反するような行為）

ます。このため、公務員と同様に信用失墜行為について規律されているのです。

　具体的にどのような行為が「信用失墜」に当たるのかについては、社会通念に基づいて個別に検討されることになります。犯罪行為など明確に法律に違反する場合だけではなく、道徳的に強い非難を受けるような非行行為についても、事案によっては信用失墜に当たるとされることがあるでしょう。

　また、その行為が公認心理師としての「職務に直接関係している行為」の場合は当然ですが、仮に「直接には職務に関連していない行為」の場合であっても、たとえば、職務には直接関係しないものの重大な犯罪行為を犯してしまうなど、社会的に大きな非難を受けるような場合には、信用失墜とされる可能性が考えられます。これらをまとめると、表8-2のように整理できます。

②秘密保持義務（法第41条）

　公認心理師は、要支援者等の高度なプライバシー情報を取り扱います。このため、公認心理師には、秘密を保持するための大変高い義務が課せられています。これについては、第10章で取り上げます。

③関係者等との連携等（法第42条第1項、同条第2項）

　人々の心の問題を公認心理師だけで解消させることは、およそ困難なことです。周囲の人々との様々なやり取りの中で、人は心の問題を乗り越えていくのでしょう。このため、公認心理師は、保健医療、福祉、教育等の多職種との連携を密に保つことがとても重要になります。これについては、第11章で取り

95

第Ⅱ部　心理職に求められること

表8-3　公認心理師法の罰則規定等

法的義務等	罰則		登録取消し
	懲役（1年以下）	罰金（30万円以下）	
①信用失墜行為の禁止（第40条）			○
②秘密保持義務（第41条）	○	○	○
③-1 連携等（一般）（第42条第1項）			
③-2 連携等（主治医）（第42条第2項）			○
④資質向上の責務（第43条）			
⑤-1 名称制限（公認心理師）（第44条第1項）		○	
⑤-2 名称制限（心理師）（第44条第2項）		○	

上げます。

④資質向上の責務（法第43条）

　人の心は無限の深さを持っています。そのような心を対象とする心理職としての技量は、一朝一夕で身に付くものではありません。おそらく、生涯をかけて学び続けるものと言うべきでしょう。さらには、社会環境は大きく変化し、心理職としての業務内容もそれに伴ってたえず変容していきます。これらに対応するため、公認心理師法は、資格取得後の知識及び技能の向上を求めています。これについては、第12章及び第13章で取り上げます。

（2）義務違反に対する罰則等

　以上の公認心理師の義務に違反した場合、刑罰を科すことを定めた罰則（同法第46条第1項、第2項）や、公認心理師の登録の取消し（同法第32条第1項、第2項）などが規定されています。それらの内容は、表8-3のとおりです。

　なお、このうち「②秘密保持義務」の罰則については、被害者の告訴がなければ公訴（裁判）を提起できない「親告罪」とされています（同法第46条第2項）。

　また、これに関連して、次のような事由がある人については、そもそも公認心理師になることができないとされています。これを「欠格事由」といいます。

第8章　心理職としての義務と倫理

> **【公認心理師法】**
>
> （欠格事由）
>
> 第三条　次の各号のいずれかに該当する者は、公認心理師となることができない。
>
> 一　心身の故障により公認心理師の業務を適正に行うことができない者として文部科学省令・厚生労働省令で定めるもの
>
> 二　禁錮以上の刑に処せられ、その執行を終わり、又は執行を受けることがなくなった日から起算して二年を経過しない者
>
> 三　この法律の規定その他保健医療、福祉又は教育に関する法律の規定であって政令で定めるものにより、罰金の刑に処せられ、その執行を終わり、又は執行を受けることがなくなった日から起算して二年を経過しない者
>
> 四　第三十二条第一項第二号又は第二項の規定により登録を取り消され、その取消しの日から起算して二年を経過しない者

（3）各職域における法的・制度的義務

　公認心理師は、独立開業している心理職を除くと、ほとんどの者が何らかの組織に所属して職務を遂行しています。各組織には、当該組織独自の規律がありますから、公認心理師は、公認心理師として法が求める義務に加えて、当然にそれらの規律を遵守する義務を負います。

　たとえば、公務員の場合には、国家公務員法、地方公務員法など法律によって、民間の病院、施設等に勤務する職員の場合には、当該機関における服務規程などの規律によって、それぞれ勤務に服する際の在り方である服務が定められているので、それらを十分に理解し、服務規律に違反しないよう努める必要があります。

　さらに、私設心理相談室等の分野で独立開業している心理職においても、要支援者等との間で治療上の契約関係にあるわけですから、当然にその範囲で法的な義務を負うことになります。

97

第Ⅱ部　心理職に求められること

2　心理職が実践すべき倫理とは

　以上のような法律上、組織上の義務に加えて、公認心理師には、人の心の問題に深く関与する仕事に携わるという性質から、心理職として当然に守らなければならない行動規範が存在しています。それが心理職としての「倫理」です。

（1）倫理とは何か
　倫理とは、人として守るべき行動の基準のことを言います。これまで見てきた法律上、組織上の義務とは、この倫理に照らして守るべき行動規範のうちとくに重要なものについて、より具体的に明確化したものと理解することができます。

（2）各職能団体の倫理規定
　公認心理師に限らず専門性の高い職種は、それぞれ独自の倫理規程（倫理綱領）を定めることによって各専門職の倫理を明示し、それらを行動規範として守りながら職務を遂行しています。
　公認心理師及び臨床心理士についても、各職能団体がこうした専門職倫理を定めています。主な職能団体と各倫理綱領は、表8－4のとおりです。

（3）心理職が実践すべき倫理
　心理職の倫理をめぐっては、Redlich & Pope（1980）の先駆的な研究があり、

表8－4　心理職の職能団体と倫理綱領

職能団体名	倫理綱領名
公益社団法人日本公認心理師協会	公益社団法人日本公認心理師協会倫理綱領
一般社団法人公認心理師の会	一般社団法人公認心理師の会・倫理綱領
一般社団法人日本臨床心理士会	一般社団法人日本臨床心理士会倫理綱領

金沢（2006）がこれを「職業倫理の7原則」としてまとめています。

これに以上の3綱領に共通する事項をまとめ、さらに今日的な課題である多様性や社会正義の観点などを加えると、次のように整理することができるでしょう。いずれも心理職の倫理として重要な事項であり、公認心理師として心の問題に取り組む際には必ず守るべき事項と言えます。

①何よりもはじめに、要支援者等を人として尊重し、その尊厳を大切にすること。要支援者等の多様性を重んじるとともに、けっして害をなさないこと。

②心理職としての倫理、法令等を遵守するとともに、社会貢献に努めること。

③自己の知識、技能等の限界を客観的によく自覚し、あくまでもその範囲内で実践するとともに、更なる向上のための努力を常に続けること。

④自己の利益を目的として要支援者等を利用しないこと。

⑤秘密を守ること（第10章）。

⑥十分なインフォームド・コンセントを得て活動すること（第9章）。

⑦活動内容を適切に記録し、ルールに従って管理・保管すること（第10章）。

⑧要支援者等との間で複数の関係（多重関係）を結ばないこと（本章）。

⑨他機関のことをよく理解し、連携・協働の充実に心がけて活動すること（第11章）。

⑩情報発信する際には、その内容、形式、影響等に十分配慮すること。

⑪社会の公正と正義が実現されるよう地道に努力すること。

（4）倫理的ジレンマ

専門職の倫理を考える上で重要な事項の一つに、「倫理的ジレンマ」に対してどう対応するかということがあります。

この倫理的ジレンマとは、異なる倫理的根拠から導かれる結論が相互に対立する場合のことをいいます。医療分野では、宗教上の理由から輸血を拒否している場合の対応、意思表示が難しい末期患者に対する積極的な医療の当否など、こうした倫理的ジレンマの問題が指摘されています。

公認心理師の職務においても、第2章で見たスクールカウンセラーの例から

第Ⅱ部　心理職に求められること

もわかるように、倫理的ジレンマに対応しなければならないことが少なくありません。とくに、このスクールカウンセリングにおける守秘義務の取扱いについては、最終的には、ケースの特質を踏まえながら個別具体的に検討し、適切に対応する必要があります。すなわち、心理職としての知識と経験とが最も求められる重要な場面であるということができます。

3　多重関係

　心理職に特有の倫理的課題として、多重関係の禁止があります。この多重関係は、要支援者等に対して被害をもたらす非倫理的な行為となる可能性があるとされています。

（1）多重関係とは何か
　多重関係とは、要支援者等との間で、要支援者等と公認心理師といった関係とは異なる別の関係を同時並行して持つことをいいます。具体的には、次のような関係をいいます。

　①支援関係の開始前の関係に基づくもの
　教師が生徒のカウンセリングをする、親族や友人のカウンセリングをする、職場の人事担当者がカウンセリングをする　など

　②支援関係の開始後の関係に基づくもの
　要支援者等と支援関係を超えた関係を持ったり性関係を持つ、要支援者等に対して支援行為と異質な営利活動を行う、要支援者等に対して宗教上の信念を伝えて実質的な布教活動をする　など

　このような多重関係は、なぜ非倫理的となる可能性があるとされているのでしょうか。

100

第 8 章　心理職としての義務と倫理

　要支援者等と公認心理師は、心理支援の過程で親密な関係性を深めていくことになります。しかし、それはあくまでも要支援者等の福祉や利益を目的としたものであり、その際の要支援者等の公認心理師に対する信頼感や好意などを利用して、公認心理師が専ら自己の利益になる行為に及ぶことは許されません。多重関係は、そうした事態を容易に引き起こしてしまうおそれがあります。

　また、多重関係にあることは、心理面接などの支援活動を進める中で、様々な影響を及ぼすことになります。その中には、要支援者等と心理職との間の関係性の構築に障害となり、心理支援の進展を明らかに妨げる影響が考えられます。こうしたことから、多重関係は基本的に避けるべきこととされているのです。

（2）多重関係とならないためには

　多重関係にならないためには、公認心理師の側でこれが基本的には非倫理的な行為となる可能性があることをよく理解した上で、疑わしい場合には慎重にその当否を判断し、少しでも問題があると認められた際には速やかにその関係を解消することが大切となります。

　具体的には、支援関係の開始前の関係が問題となる場合には、支援関係を他の支援者に紹介（リファー）するなどして、多重関係が生じないようにすることが考えられます。また、支援関係の開始後の関係が問題となる場合には、スーパービジョン（第13章）を受けるなどして自らの行為の意味を慎重に吟味した上で、要支援者等への影響に留意しながら多重関係を解消していく必要があります。

引用文献

一般社団法人公認心理師の会（2022）．一般社団法人公認心理師の会・倫理綱領　（https://cpp-network.com/intention/）（2025 年 1 月 21 日閲覧）

一般社団法人日本臨床心理士会（2009）．一般社団法人日本臨床心理士会倫理綱領（https://www.jsccp.jp/about/statute/）（2025 年 1 月 21 日閲覧）

第Ⅱ部　心理職に求められること

金沢吉展（2006）．臨床心理学の倫理をまなぶ　東京大学出版会

公益財団法人日本公認心理師協会（2020）．公益財団法人日本公認心理師協会　倫理綱領
　　（https://www.jacpp.or.jp/association/rule.html）（2025 年 1 月 21 日閲覧）

Redlich, F., & Pope, K.（1980）．Ethics of mental health training. *The Journal of Nervous and Mental Disease*, **168**(12), 709-714.

第9章

支援を必要とする人たちの安全を守る

　心理職に共通する重要事項の第三は、要支援者等の安全を守ることです。

　公認心理師の仕事は、国民の心の健康の保持増進に寄与することを目的としています。すなわち、心理職には、要支援者等の安全を何よりも優先し、常に要支援者等の立場に立って活動することが求められているのです。

1　要支援者等の安全の確保

　心理職が心理面接などの心理支援において要支援者等の安心や安全を確保する必要があることは、疑いのないことでしょう。そこで、その意義や具体的な内容について考えてみたいと思います。

（1）安心安全な場の持つ意義
　要支援者等の安心安全を確保することの意義については、次のように考えられます。

①心の問題を抱えた要支援者等にとって、その回復のためには、今いるその場所が他のどの場所よりも安心安全な環境であるということが大きな治療的意味を持っている。

②心理面接などの働きかけは、全てが要支援者等にとって利益となるとは限らず、心理職の知識と技能の程度によっては、たとえ心理職本人が意図していないとしても、結果として要支援者等に対して危害を加えてしまうということが起こり得る。このため、そうならないような最大限の留意が必要となる。

103

第Ⅱ部　心理職に求められること

③要支援者等は、直面している問題が深刻であればあるほど、自傷他害などの
　危害に及んでしまうおそれを強く抱えることになる。心理職は、そうした危
　険性に誰よりも早く気が付くことができる立場にあることから、深刻な事態
　の発生を防止するために、その果たすべき役割は大きいと考えられる。

（2）要支援者等に対する危害の防止

　要支援者等の安全を守るためには、第一に心理職自身が要支援者等に対して
危害を加えないことが求められます。

　心理職が職務としている心理に関する相談等は、要支援者等の内面に深く働
きかけるものであり、その影響には大きなものがあります。たとえば、技量の
乏しい心理職がよかれと思って正式の精神分析など高度な技術が求められる方
法によって支援を行うと、その結果、要支援者等の心を深く傷つけてしまうと
いったことが起こり得ます。

　このため、第8章で述べたように、心理職にとっては、「自己の知識、技能
等の限界を客観的によく自覚し、あくまでもその範囲内で実践するとともに、
更なる向上のための努力を常に続けること」が、職業倫理として求められてい
るのです。

　さらには、「秘密を守ること」、性的関係などの「複数の関係（多重関係）を
結ばないこと」、「自己の利益を目的として要支援者等を利用しないこと」など
が心理職の倫理として求められているのも、同様の理由からと考えられます。

　このように、心理的支援活動において要支援者等に対して危害を加えないと
いうことは、きわめて重要な要請であるということができます。

（3）要支援者等による危害の防止

　要支援者等の安全の確保のもう一つの側面が、要支援者等による危害を防止
するという観点です。

　要支援者等の中には、消えてしまいたいとの思いから自ら命を絶とうと思っ
ている人がいるかもしれません。また、数は少なくとも、他者に対して積極的

な危害を加える考えにとらわれて身動きが取れなくなってしまっている人、さらには、虐待やいじめなど、罪の意識もなく他害行為に及んでいる人たちもいるかもしれません。

そのような要支援者等に対して、自傷行為や他害行為に及ばないようにすることは、心理職の大切な役割となっています。さらには、他者に対して明白で切迫した危険性が認められる場合には、その他者に対して情報提供するなどして保護することも求められます。

（4）リスクをどうアセスメントするか

このような自傷他害行為を防止するためには、その前提として、そうした行為のリスク（危険性等）を適切に把握すること、すなわち「リスクアセスメント」が重要となります。

リスクアセスメントは、多様な領域で用いられており、その手法も様々です。とくに産業・労働分野では、労働安全衛生法第28条の2によって、製造業や建設業等の事業場の事業者にリスクアセスメントの実施等が努力義務とされていることから、体系的に教育が行われるなどしています。しかし、心理職の職務におけるリスクアセスメントについては、事案に応じた個別性が大変大きいために、そのようにマニュアル化することが難しいという特徴があります。

心理職のリスクアセスメント及びその後の対応は、おおよそ次のような手順で進められます。

①リスクの性質の理解

リスクの性質を理解する上で重要なことは、リスクはたんに危害の発生確率を意味するのではないということです。すなわち、リスクとは、次のように理解されています。

$$\boxed{リスク} = \boxed{危害の深刻さ} \times \boxed{危害の発生確率}$$

たとえば、自殺について見ると、「危害の発生確率」は、いじめや虐待などに比べると比較的低いと考えられますが、「危害の深刻さ」は、取り返しのつ

かないきわめて重大なことといえます。したがって、「リスクの程度」としては、その他のいかなる危害に比べても大きいと考えることになり、心理職としては、たとえ微細な兆候であったとしても、自殺の可能性を推知させる情報に接したのであれば、重大なリスクとして最優先して対応することになります。

②リスクの推定事項の把握と評価

次に、そのリスクが発生する可能性を推知させるような事項が認められるのかを把握することになります。たとえば虐待であれば、その児童の身体的な状況、保護者の養育状況、本人の意思、発達及び健康状態、居住環境、保護者の養育能力、精神状態などから、虐待のリスクがどの程度あるのかを推知することになるでしょう。

こうした推定要素となる事項については、児童虐待に関しては、厚生労働省の「児童虐待に係る児童相談所と市町村の共通アセスメントツール」のように公表されているものもあります。しかし、リスクの種類及びケースの特質による個別性が大変大きいことから、基本的には、心理職としての知識経験に基づいて判断しなければならないという難しさがあります。

③リスク低減のための対応の検討

リスクが認められた場合には、それを低減させるための対応を検討することになります。その際には、できる限り複数の人で多くの対応案を比較検討することが望まれます。

また、対応の検討及び実施においては、時間的考慮も重要な観点となります。自殺のおそれなどリスクの程度がきわめて高い場合には、それが推知され次第、時間的な間を置かず速やかに対応する必要があります。

この点について、一般の心理相談室で行われている継続的な心理面接などにおいては、心理支援の基本的な姿勢として、早わかりをできる限り避けて、「あいまいな状況に耐えて待ち続ける」ことが重要とされています。しかし、このリスク対応の場面においては、これと異なる対応が求められているので十分な

第9章　支援を必要とする人たちの安全を守る

注意が必要となります。

④リスク低減のための対応の実施

以上を踏まえて、どのリスクに対してどう対応するのかを検討し、リスクを低減させるための対応を実施します。

具体的な方法は、第Ⅰ部の各事例（第2章〜第6章）などで見てきたように、ケースに応じて個別具体的に検討されることになります。

⑤効果の評価と改善点の検討（必要に応じて③に戻る）

リスク対応においては、単発の対応でリスクが解消することはまれであり、通常は繰り返し対応し、徐々に改善を目指すことになります。その際には、対応の効果を評価するとともに、改善点について検討し、その後の対応に反映させていくといった循環的な取り組みを続けることが重要となります。

なお、リスクアセスメントという用語は、狭義には上記の①から③までの範囲を意味しますが、対応後の効果の評価も一種のアセスメントですので、④及び⑤も含めた対応全体を指してリスクアセスメントという場合もあります。

2　危機介入とリファー

リスクの段階を超えて現実に危機が生じてしまったときには、それに対応するための介入や緊急支援が行われます。次に、この危機介入について見ていきましょう。

なお、この危機介入は、必然的に多職種や地域との連携を必要とします。この点については、第11章で再度触れることにします。

（1）危機介入とは

危機とは、障害や困難となる出来事のことをいいます。危機には、進学、就職、結婚などのように人が成長発達の過程で直面するものと、事故、災害、病

107

気、犯罪被害などのように突発的に経験するものとがあります。

　危機介入は、このような危機からの回復を支援するための対応のことであり、基本的に次のような特徴があるとされています。

　・迅速性　・集中性　・指示性　・協働性　・現場性

　危機介入の理論的な背景には、1960年代のアメリカにおける地域精神保健活動に源がある「コミュニティ心理学」があります。

　コミュニティ心理学に基づく支援においては、従来の専ら個人を対象とする心理学的アプローチを超えて、様々な問題に直面している地域社会とその中にある人々を対象として心理学的な多様な支援を目指しています（コミュニティ・アプローチ）。このため、活動の場は、治療者のオフィスではなく問題が生じている地域が中心となり、活動の目標も、個々人の疾病の治療よりも問題の予防や心理教育、人間的成長の促進などに重点が置かれ、また、活動の方法も、地域の様々な人々とのより積極的な協働に取り組んでいこうとするといった特徴があります。

　これらは、いずれも前述のリスクアセスメントと同様に、従来の個人面接を中心とする心理支援における基本的姿勢とは異なる面があるので留意が必要です。

　近年の危機介入の事例としては、1995年1月17日の阪神・淡路大震災、2011年3月11日の東日本大震災などがあります。その際、多くの心理職が様々な支援活動に従事し、それらを通じて蓄積された経験は、現在、心理職による災害支援活動の指針として活用されています。

　それらの際に参考とされた国際的な指針に、「サイコロジカル・ファーストエイド」（心理的応急処置）（Psychological First Aid：PFA）があります。PFAには、世界保健機関（WHO）が作成したもの、アメリカ国立子どもトラウマティックストレス・ネットワークとアメリカ国立PTSDセンターが作成したものなどがあり、いずれも日本語訳されています。PFAでは、次のような危機介入を考える上で重要な視点が強調されています。

○実際に役立つケアや支援を提供する。ただし押し付けない。

第9章　支援を必要とする人たちの安全を守る

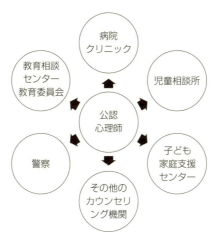

図9-1　主なリファー先機関

○ニーズや心配事を確認する。
○話を聞く。ただし話すことを無理強いしない。
○話したい人がいればその人の話を聞くが、出来事に対するその人の感情や反応を無理やり話させることはしない。
○PFAは、必ずしもつらい出来事についての詳しい話合いを含まない。

（2）リファーの重要性

　危機介入においては、「つなぐ」ということがとても重要な支援活動になります。すなわち、要支援者等が必要としている、または将来必要となるサービスを紹介し、適切に引き継ぐことが求められるのです。そのような引継ぎのことを「リファー」といいます。

　実際に、第Ⅰ部の事例（第2章〜第6章）では、いくつかの機関同士がリファーし合い、連携協働してケースを担当していました。

　主なリファー先としては、図9-1のような機関が考えられます。

　要支援者等をリファーする際には、どの段階やタイミングでリファーするのか、リファー先の機関はどこが適切か、リファー先機関に伝達する情報、要支

第Ⅱ部　心理職に求められること

援者等に対する説明と納得、リファー後のアフターケアなどが重要となります。とくにリファーする時期については、必要性が認められた段階で速やかに着手することが求められます。詳しくは、第11章で取り上げます。

3　自殺予防と虐待への対応

　近年の社会状況を踏まえると、心理職が危機介入する場面として重要性が増しているのが、自殺の予防と虐待への対応ではないかと思われます。この両者について、心理職として果たすべき役割について考えてみましょう。

（1）自殺予防のために果たすべき役割

　日本は、自殺死亡率（人口10万人当たりの自殺者数）が先進7か国（G7）の中でも最も高く、とくに近年は、小中学生の自殺者数が増加傾向にあるなど、深刻な状況にあります（第1章）。心理職には、自殺予防に向けて役割を果たすことが期待されています。

　①予防の取組み（プリベンション（事前対応））
　自殺を防ぐためには、何よりも予防が大切であり、そのための取組みを「プリベンション」（事前対応）といいます。
　第2章でみたスクールカウンセラーによる心理教育授業はその一例であり、そこでは、援助を求めること（援助希求行動）をためらわない態度を育成していくことがポイントとなっていました。取り返しのきかない結果を生じさせないためにも、これからは、それを未然に防ぐための活動に力を入れていく必要があるといえます。

　②具体的リスクへの対応（インターベンション（危機介入））
　多くの自殺行為は突然に起きるのではありません。その前に、兆候ともいえる様々な変化が見られます。それらは、気分や体調、行動などの面の変化とし

て表れたり、「消えてなくなりたい」などの自殺念慮として生じてきたりします。

　心理職には、そうした兆候に敏感に気が付くことのできる感性を養うとともに、自殺の心理を踏まえた的確な対応を身に付けていることが求められています。

　③事後のケア（ポストベンション（事後対応））

　不幸にして自殺が起きてしまったとき、そのことは周囲の人たちに深刻な影響を及ぼします。人の死を受け入れていくことは簡単なことではありません。その際にそっと寄り添って支えてくれる他者がいると、哀しみはなくならなくともよりよい方向に歩み出すことができるかもしれません。そのような事後的な対応を「ポストベンション」といいます。

　ポストベンションにおいては、遺族や周囲の人たちに誠心誠意対応することが求められます。事実について冷静に受け止めて要支援者等と共有するともに、自殺に関連して起こり得る心の変化に関する知識を背景として、要支援者等の話を傾聴し、その率直な感情表現の場を提供します。

　前述の災害時の緊急支援においては、必ずしもつらい出来事についての詳しい話合いを含みませんが、ポストベンションでは、同様にその人の感情を無理に話させることはしないものの、素直に語られる哀しみはできる限り受け止めていく姿勢が大切であるとされています。

（2）虐待対応において果たすべき役割

　虐待行為は、それを受けた人の心身とその後の生活に大きな悪影響を及ぼすものであり、見過ごすことのできない事柄です。とくに、児童期の被虐待体験は、その後の成長や余命に影響する「小児期逆境体験」（ACE）の一つとされており、その防止が重要な社会課題となっています。

　しかし、この間の立法を伴う様々な取組みにもかかわらず、児童虐待の問題はなかなか改善の兆しが見られません。現在も、児童相談所における児童虐待相談件数は増え続け、過去最大件数を更新し続けており、児童虐待によって命

第Ⅱ部　心理職に求められること

を失う子どもたちの数も高水準で推移しています（第1章）。

　児童虐待において心理職が果たすべき役割には大きなものがあります。

　第2章で見たように、スクールカウンセラーは、児童生徒と直接に接したり、校内会議に出席して課題のある児童生徒に関する情報交換を行ったりする中で、被虐待の事実を早期に把握できる立場にあります。公認心理師としての感性と洞察力が、被虐待に苦しむ子どもたちに対する少しでも早い対応につながります。

　その際に心掛けるべき事項の一つに、トラウマインフォームドケア（TIC）の視点を持つことがあります。

　子どもたちに落ち着きのなさや衝動性などが認められた場合、過去に親や身近な人たちから不適切な養育を受けていたかもしれないということを、先入観としてではなく頭の片隅にそっと置きながら、あくまで自然体で接するようにします。

　そして、その児童生徒について的確にアセスメントし、もし児童虐待の事実が認められた場合には、児童生徒の理解を得た上でケース会議などを通して学校内で情報を共有し、さらには「要保護児童対策地域協議会」などの行政組織に取り上げてもらうなどして、実効性のある虐待防止対策が速やかに講じられるよう取り組む必要があります。

　このようにして、心理職は、子どもの権利と健やかな成長を守るための「アドボカシー」（代弁者）としての役割も担っているのです。

4　インフォームド・コンセント

　「インフォームド・コンセント」（IC）とは、説明と同意を意味しており、心理職の倫理の柱の一つとなっています。とくに、要支援者等の安全を守り、その視点に立つという観点からも重要とされています。

第9章　支援を必要とする人たちの安全を守る

（1）説明責任とは

　要支援者等は、人として尊重される存在であり、一人ひとりが自らのことを自身で決定する「自己決定」の権利を持っています。また、心理職の側も、要支援者等からの依頼や必要に応じて働き掛けを行うわけですから、その内容、方法、効果などについて要支援者等に対して説明する責任、すなわち「説明責任」があると考えられます。

　こうした考え方を背景として、対象者に説明し、理解してもらい、納得してもらった上で同意してもらう、というインフォームド・コンセントが心理職の倫理として示されるようになりました。

　ちなみに、医療分野では、医療法第1条の4第2項に、「医師、歯科医師、薬剤師、看護師その他の医療の担い手は、医療を提供するに当たり、適切な説明を行い、医療を受ける者の理解を得るよう努めなければならない。」と規定されており、患者の同意には触れられていないものの、インフォームド・コンセントの重要性について規律されています。

（2）インフォームド・コンセントの内容と方法

　それでは、要支援者等に説明する内容はどのようなものなのでしょうか。

　一般に、心理職は少なくとも次のような事項について要支援者等に説明すべきとされています。
○援助の内容・方法について
○秘密保持について
○費用について
○物理的条件について（時間、場所、予約）
○心理職として受けてきた訓練について
○質問、苦情、連絡先について

　また、説明の時期についてですが、要支援者等と接触したできる限り早期に行うことが相当です。インフォームド・コンセントは、たんに説明すればよいということではなく、対象者がその内容を理解し、納得できているのかが大変

第Ⅱ部　心理職に求められること

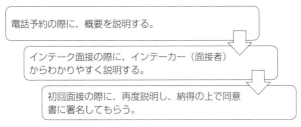

図9-2　インフォームド・コンセントの方法

重要になりますから、説明も繰り返しわかりやすく行うようにし、できれば同意書など書面で確認することが求められます。

たとえば、一般的な大学付属の心理相談室では、図9-2のような方法が採られています。

なお、インフォームド・コンセントの内容のうち重要な事項に、「秘密保持について」に関する説明と同意の取り方があります。

秘密保持に関するインフォームド・コンセントに当たっては、次の第10章で説明する守秘義務の限界に関連して課題があり、要支援者等に対する説明を的確に行い、その確実な同意を得ておくことが大変重要になっています。具体的な対応の在り方については、次章で詳しく説明したいと思います。

引用文献

National Child Traumatic Stress Network and National Center for PTSD (2006). *Psychological first aid: Field operations guide*, 2nd edition.（https://www.nctsn.org/sites/default/files/resources//pfa_field_operations_guide.pdf）（2024年9月16日閲覧）

World Health Organization (2011). *Psychological first aid: Guide for field workers*.（https://iris.who.int/bitstream/handle/10665/44615/9789241548205_eng.pdf?sequence=1）（2024年9月16日閲覧）

第10章

情報を適切に取り扱う

　心理職に共通する重要事項の第四は、情報を適切に取り扱い、要支援者等の秘密を守るということです。

　第8章で見たように、心理職の倫理の一つに、要支援者等の秘密保持が挙げられます。要支援者等の秘密を守るということは、この心理職の倫理の面からだけでなく、心理的支援業務の実質的な側面からも大変重要な事項となっています。

1　心理職が取り扱う情報とは

　最初に、心理職が取り扱う情報の性質について理解しておきましょう。

　プライバシーに関する情報は、その人の権利や利益に大変大きな影響を及ぼします。このため、明確な目的に基づいて適切に取得され、安全に管理され、活用されなければなりません。そこで、2005年に「個人情報の保護に関する法律（個人情報保護法）」が施行され、同法によって個人情報の取扱いについての基本的なルールが規律されています。心理職としても、組織の一員や個人事業主として、これを遵守する必要があります。

　なお、同法は、情報社会の進展に伴って数度改正されているので、最新の内容を把握しておくよう留意が必要です。

（1）個人情報の保護
　個人情報保護法の対象となる情報については、図10-1のように分類され

第Ⅱ部　心理職に求められること

```
┌─────────────────────────────────────────────┐
│                    個人情報                     │
│                                               │
│  ①氏名、生年月日、その他の記述等（同法第2条第1項第1号）   │
│    ※それらより個人を識別できる情報                  │
│  ②個人識別符号（同法第2条第1項第2号、同条第2項）       │
│    ※顔認証データ、指紋認証データなど                │
│    ※パスポート番号、運転免許証番号、マイナンバーなど      │
│                                               │
│   ╭───────────────────────────────────────╮   │
│   │     要配慮個人情報（同法第2条第3項）          │   │
│   │                                       │   │
│   │  ※本人の人種、信条、社会的身分、病歴、犯罪の    │   │
│   │   経歴、犯罪により害を被った事実など          │   │
│   ╰───────────────────────────────────────╯   │
│                                               │
└─────────────────────────────────────────────┘
```

図 10-1　個人情報保護法による個人情報の分類

ています。

　まず「個人情報」についてですが、これは生存する個人に関する情報のうち、特定の個人を識別できる情報のことをいいます。具体的には、次の二つの情報を含みます（同法第2条第1項、第2項）。

①氏名、生年月日その他の記述等（電磁的記録を含む。）により特定の個人を識別することができる情報

②「個人識別符号」といって、特定の個人の身体の一部の特徴を電子計算機用に変換した情報であって当該特定の個人を識別することができるものや、個人に割り当てられた文字、番号、記号その他の符号であって特定の者を識別することができるもののうち、政令・規則で定められた情報

　これらの個人情報については、個人情報保護法によって、それを取得するとき、利用するとき、保管・管理するとき、第三者に提供するとき、本人から開示等を求められたときなどについて、対応方法の具体的なルールが定められています。具体的には、利用目的を特定してその範囲内で利用する、漏洩等が生じないように安全に管理する、第三者に提供する場合にはあらかじめ本人の同意を得る、本人から開示等の請求があった場合にはこれに対応する、などです。

第 10 章　情報を適切に取り扱う

　心理職としても、以上を十分理解して対応していく必要があります。

（2）要配慮個人情報の取扱い

　このうち、心理職にとってとくに留意が必要となるのは、心理面接の場など
で交わされる高度なプライバシーに関する情報の取扱いについてです。

　個人情報保護法では、次のように、本人が不当な差別や偏見などの不利益を
受けかねない情報について「要配慮個人情報」と規定して、とくに慎重な取扱
いを定めています（同法第2条第3項）。

○人種、信条、社会的身分

○病歴

○犯罪の経歴、犯罪により害を被った事実

　具体的には、次のような情報が含まれます。

○身体障害、知的障害、精神障害その他の心身の機能障害

○健康診断の結果、医師の診療、薬局での調剤の事実など

○刑事事件に関する手続き、少年保護事件に関する手続き

　心理面接などにおいては、このような要配慮個人情報を取り扱うことが多い
と思われます。この要配慮個人情報については、①原則として本人の同意を得
ないで取得してはならないこと（同法第20条第2項）、②第三者提供の制限が
より厳格なこと（同法第27条第2項ただし書）など、その取扱いについて通常の個
人情報より厳格な配慮が求められていますので、十分に注意する必要がありま
す。

2　秘密保持の義務

　以上の個人情報保護の枠組みは、この種の情報を取り扱う一般の方々の基準
となるものです。心理職には、その職務の性質から、要支援者等の秘密の保持
に関してこれ以上の注意義務が課せられていると考えられます。

第Ⅱ部　心理職に求められること

（1）秘密保持義務とは

　第8章で説明したように、公認心理師には、公認心理師法第41条によって、「正当な理由がなく、その業務に関して知り得た人の秘密を漏らしてはならない。公認心理師でなくなった後においても、同様とする。」と規定されています。

　そして、これに違反した場合には、同法46条第1項及び同条第2項によって、「1年以下の懲役又は30万円以下の罰金（ただし、告訴がなければ公訴を提起することができない。）に処する」とされ、さらに、同法第32条第2項によって、「登録を取り消し、又は期間を定めて公認心理師の名称及びその名称中における心理師という文字の使用の停止を命ずることができる」と規定されています。

　このように、公認心理師が秘密を保持するということは、刑事罰を伴うことがあり得るとくに重い義務であるということができます。とくに、公認心理師でなくなった後にも守秘義務が求められること、刑事罰は告訴を必要とする「親告罪」であることなどが重要です。

　それでは、どうして秘密保持義務が心理職にとってこのように重いものとされているのでしょうか。これには、主に次のような理由が考えられます。

① 心理職は、個人の高度なプライバシー情報を取り扱うことから、要支援者等のプライバシー保護の観点から秘密の保持が求められる。この点については、次のように、心理職に限らず同様に個人情報を取り扱う専門職においても、広く法律によって義務付けられている。

○公認心理師　　　　　　　　　　→公認心理師法第41条
○医師、歯科医師、薬剤師、助産師　→刑法第134条第1項
○看護師、保健師、准看護師　　　　→保健師助産師看護師法第42条の2
○理学療法士、作業療法士　　　　　→理学療法士及び作業療法士法第16条
○言語聴覚士　　　　　　　　　　　→言語聴覚士法第44条
○社会福祉士、介護福祉士　　　　　→社会福祉士及び介護福祉士法第46条
○精神保健福祉士　　　　　　　　　→精神保健福祉士法第40条

② しかし、心理職にとっての秘密保持義務の重要性は、他の専門職以上のものがあると考えられる。すなわち、心理面接などにおいては、要支援者等は、

誰にも話せないような深い心の悩みや苦しみを語り、心理職は、それを真心から傾聴することになる。このような信頼関係に基づく深いコミュニケーションが可能となるのは、心理面接の場は要支援者等の秘密が守られた安心安全な場であると保障されていることが前提にあるからと考えられる。

このように、秘密保持義務は、心理職にとって重要な義務と考えられますが、とくに上記②の観点については、心理職の働きかけが要支援者等に対して効果を発揮するための基本的な条件、すなわち「根幹となる要素」となっているということができます。

（2）秘密保持義務の例外

秘密保持の義務については、例外が存在します。公認心理師法を始めとする各専門職の守秘義務を定めた法律においても、各条文に「正当な理由がなく」などと明示されていることからわかるように、正当な理由がある場合には守秘義務が解除され得ることが示されています。

心理職において、この「正当な理由」は一般に次のように考えられています。
①本人の同意や依頼がある場合
②法令に基づいて義務付けられている場合
③第三者に明確で差し迫った生命の危険等の危害がおよぶおそれがある場合
④本人が自殺等の深刻な行為に及ぶおそれがある場合
⑤担当の専門職等の間でカンファレンスなどが行われる場合

このうち②の法令に基づく場合の例としては、次のようなものがあります。実際にこれらの法令に従って通告等を行うかについては、心理職としての専門性が問われる事柄であり、そのケースの特質を踏まえながら個別具体的かつ慎重に判断されているものと思われます。
○児童虐待を受けたと思われる児童の児童相談所等への通告義務（児童虐待の防止等に関する法律第6条第1項、第3項）
○高齢者虐待を受けたと思われる高齢者について当該高齢者の生命又は身体に重大な危険が生じている場合の市町村への通報義務等（高齢者虐待の防止、高

119

第Ⅱ部　心理職に求められること

齢者の養護者に対する支援等に関する法律第7条各項）

○配偶者からの暴力を受けている者の配偶者暴力相談支援センター又は警察官
　への通報努力義務（配偶者からの暴力の防止及び被害者の保護等に関する法律第6
　条第1項、第2項、第3項）

　また、③の第三者に危害がおよぶおそれがある場合の守秘義務の解除をめ
ぐっては、次のような「タラソフ事件」という重要な外国判例があり、この問
題のリーディングケースとなっています。

【タラソフ事件】

　金沢（2006）によると、1969年、米国において大学生が同級生を殺害する事
件が発生し、被害者の遺族が大学、大学の病院の精神科医、心理職に対して損
害賠償を求め、州最高裁によって認容された。この事件は、被害者の名前から
タラソフ事件と呼ばれており、その後の心理職の守秘義務への対応等に大きな
影響を及ぼすことになった。

　この事件で争点となったのは、クライエントに関する守秘義務と第三者への
危害警告義務との関係であった。被告側は、クライエントの秘密を守ることが
優先されると主張したが、裁判所は、他者に対する暴力の点で深刻な危険を呈
していると判断した場合等には、心理職は、被害を受ける危険のある者が保護
されるよう、その者や関係者に警告したり、警察に通告する義務を負うと判断
したのである。

　さらに、⑤の専門家間の情報共有の場面に関しては、第2章で検討したよう
に、スクールカウンセラーと学校の教員間の守秘情報の共有といった難しい問
題が内在しており、心理職にとって大変重要な課題となっています。

　以上のように、守秘とされる情報の取扱いをめぐっては、心理職として慎重
かつ適切に取り扱う必要があるのです。

第 10 章　情報を適切に取り扱う

3　記録化の重要性

　情報を取り扱う上では、その内容をどう記録化し、保管するかが問題となります。心理職にとっては、その職務の性質から、面接内容などを適切に記録することが大変重要な意味を持っています。

（1）心理職にとっての記録化の意義

　専門職にとって職務内容の記録化は重要な意味を持ちます。たとえば、医師においては、法律でこれが義務化されているほどです。すなわち、医師法第24条は、「医師は、診療をしたときは、遅滞なく診療に関する事項を診療録に記載しなければならない。」、「5年間これを保存しなければならない。」と規律し、これに違反した者は50万円以下の罰金に処すると定めています（同法第33条の3第1号）。

　医師においてこのような規律が置かれている理由については、診療内容を記録して確認したり、多職種間で共有するなどして診療の向上に役立てるとともに、保険診療の根拠資料としたり、訴訟等となった場合の法的証拠としたりするためとされています。

　公認心理師にはこのような法的義務は課せられていません。しかし、医師において記録化が求められる理由については、いずれも公認心理師にも該当し、同様に心理面接等の記録化は重要であるということができます。

　そして、心理職にとって、記録化の意義にはさらに重要な点があります。

　それは、心理職の仕事においては、自らを振り返りつつ面接を深めていくという「省察的実践」が求められるということです。省察的実践については第12章で詳しく説明しますが、これを行うためには、適切な記録化がどうしても必要となるのです。

　こうした観点から、心理職が心理面接等の活動内容を記録化する際の留意事項としては、次のような点が挙げられます。

121

第Ⅱ部　心理職に求められること

①心理的支援業務の経過をできる限り正確かつ簡潔に記載すること。

②具体的な出来事などの客観的事実と、クライエントの感情や思いなどの主観的事実を明確に区別し、両者の違いがわかるように的確に書き分けること。

③心理職の評価や感想、今後の面接方針などについては、客観的事実及び主観的事実とは独立させて記載し、アセスメント結果など根拠がある場合には必ず付記すること。

④全体として、必要最小限の記載に心掛け、冗長なものとならないよう留意すること。

（2）記録を取り扱う上での留意事項

　記録の管理においては、その大部分が要配慮個人情報に該当することを十分に意識し、けっして外部に漏洩しないようにしなければなりません。

　具体的には、次のような事項について十分に留意しながら対応し、業務に関する記録の適切な保管に努めることが求められています。

①記録の作成範囲について

　記録の作成範囲については、情報公開が求められていることを踏まえると、必要最小限の範囲の内容を簡潔明快に記述することが必要となります。

　記録化は、①業務の必要からの記録化、②研究発表のための記録化、③備忘録的な個人的メモ、などに分類されますが、作成範囲の厳格性は、このうち①においてとくに必要となります。

　なお、②の研究発表のための記録化については、プライバシー保護の要請から当然に当該本人の同意が必要となることに加えて、研究倫理の観点から対象者を傷付けることのないよう十分な配慮がもとめられるので留意が必要です。

②保管場所と閲覧や持出しのルールについて

　記録の保管をめぐっては、保管場所の指定、閲覧や持出しのルールなどが問題となります。たとえば、心理的支援業務に関する業務記録については、原則

第 10 章　情報を適切に取り扱う

として、当該心理相談施設の建物から外に持ち出すことができず、やむを得ず
必要な場合には、厳格な手続きで持出しを許可するとともに、閲覧についても、
目的について条件を付し、その都度閲覧の事実を記録化することなどが考えら
れます。

　このように、物理的にも厳格に取り扱うことが、情報流出を防止するために
重要となります。

　③保管期間と廃棄方法について

　記録は無制限に保管し続けることはできません。適切な保管は適切な破棄と
セットになります。あらかじめ規定を設け、記録ごとの保管期間と廃棄方法を
定めておき、確実に廃棄することが求められます。

　④電子媒体の管理について

　記録には、紙などによる記録と電磁的方式による記録とがあります。近年の
情報通信技術の進歩に伴い、後者の電磁的記録の管理の重要性が高まっていま
す。これについては、本人が意図しなくとも自動的にデータがネットワーク上
に転送されたり、ウイルス感染などによって悪意を持った者にデータを盗まれ
改ざんされたりする危険性があります。

　したがって、適切な記録の保管のためには、とくに電磁的記録の適切な管理
が求められます。たとえば、心理的支援業務に関する電磁的記録については、
外部との接続を遮断しているスタンドアロンのパソコン等でしか作成、保管で
きないこととし、電磁的記録の管理の徹底を図ることが考えられます。

引用文献

金沢吉展（2006）．臨床心理学の倫理をまなぶ　東京大学出版会

第Ⅱ部　心理職に求められること

第11章

地域で他の専門職と連携して働く

　心理職に共通する最後の重要事項は、多職種との連携や地域での連携についてです。多職種連携や地域連携については、近年、医療、教育、司法など様々な分野において、その重要性が高まっています。

1　なぜ多職種連携・地域連携が求められるのか

　はじめに、多職種連携や地域協働がなぜ重要とされるようになってきたのかについて見ていきましょう。

（1）チームによる支援の必要性

　近年、心理職の活動領域は、主要5分野と施設心理相談室等の1分野に示されているように広がりを見せています。心理職は、それまでの心理相談室という個室の中での一対一の面接だけではなく、各分野の組織に所属しながら、多様な形態で心理的支援業務を行うようになりました。すなわち、要支援者等に対する支援の在り方が、ひとり心理職のみで行われるものから、各職場の複数の職種とともに、協働しながら進められていくものへと変化してきているのです。

　また、社会の複雑多様化によって、人々の心の問題は難しいものとなり、心理職には、より高度な心理的支援業務の技術が期待されています。しかし、心理職個人の努力や取組みだけでは、どうしても限界があることになります。そこで、複数の心理職が協力し合ったり、心理職以外の専門職と協働して要支援

124

第11章　地域で他の専門職と連携して働く

図 11-1　BPS モデル

者等の問題に対処したりするようになりました。

　このように、現在は、各職種が一つのチームを構成し、連携・協働することによって、より質の高い支援を行うという大きな流れの中にあります。それらは、具体的には、医療分野の「チーム医療」、教育分野の「チーム学校」といった動きに現れています。

　こうした流れを受けて、新たに設けられた公認心理師制度においても、多職種との連携・協働が重視されています。すなわち、第8章で見たように、公認心理師法第42条に「関係者等との連携等」として規定され、これが公認心理師の重要な職責であることが明示されています。

（2）BPSモデルの普及

　さらに、心理職にとって多職種との連携が重要であるとの認識が深まった背景には、心理的支援業務に関する理論的展開があります。その一つが「生物心理社会モデル」（Bio Psycho Social model（BPSモデル））です（図11-1）。

　BPSモデルとは、初めは医療領域で展開された考え方であり、ある疾患の発症、経過、回復に影響を与える要因として、生物的要因、心理的要因、社会的要因といった三つの要因の全てを考慮し、それらの相互性を考えながら統合的に理解して治療を行っていくというアプローチのことをいいます。

　このBPSモデルは、心理職の職域の中でもその重要性が認められるようにな

第Ⅱ部　心理職に求められること

り、現在では要支援者等をアセスメントする際の基本的な枠組みとなっています。

　このように包括的にその人の問題や困難を把握しようとすると、それを全て心理職だけでフォローすることが難しいことがわかります。たとえば、生物的要因の面からは、病院、一般診療所、精神保健福祉センターなどとの協働が求められ、社会的要因の面では、学校、教育センター、社会福祉機関、司法機関、行政機関などとの協力が必要になります。

　このように、BPSモデルのもとでは、関係機関とともに支援に当たることが求められており、これに伴って、心理職においても多職種との連携・協働の重要性が強く認識されるようになってきました。

（3）コミュニティ心理学の展開

　また、第9章で触れたコミュニティ心理学の進展も、心理的支援業務において多職種連携・地域連携が重要とされるようになった背景の一つとなっています。

　コミュニティ心理学とは、個人だけでなく地域や周囲の環境との相互作用を重要視する心理学の一分野であり、米国における精神保健活動の中で誕生し、近年、日本においても広く浸透してきました。

　コミュニティ心理学では、次のような視点が重視されており、それらはいずれも多職種や地域との連携・協働を求めるものとなっています。

①生態学的アプローチ

　生態学（ecology）とは、生物とそれを取り巻く環境との相互作用を探求する学問ですが、そのような視点を心理学に持ち込むのが生態学的アプローチ（生態学的システム論）になります。生態学的アプローチでは、環境を次の四つの層に区分し、それぞれにおける相互作用を明らかにするとともに、それらを総合して全体として理解しようとします（表11−1）。

第11章　地域で他の専門職と連携して働く

表11-1　生態学的視点における4層構造

①マイクロシステム	マイクロ＝微小	直接的にかかわる相互関係 【例】家庭、学校、友人関係　など
②メゾシステム	メゾ＝中間	マイクロシステム間の相互関係 【例】親と学校、友人関係と学校　など
③エクソシステム	エクソ(エキソ) ＝連結、外側	直接的にはかかわらないものの、影響を受ける相互関係 【例】親の職場、地域の行政機関　など
④マクロシステム	マクロ＝巨視的	以上の3システムの背景にある要因 【例】制度や文化、経済状況　など

図11-2　予防的アプローチの三段階

②予防的アプローチ

　コミュニティ心理学においては、要支援者等に対する支援に加えて、支援を要する状態に至るのを未然に防止しようとするアプローチを重視しています。支援には図11-2のような三つの段階がありますが、このうち一次予防、二次予防の重要性に着目しています。

③ネットワーク作りやコンサルテーション

　個人に対する支援だけではなく、関係者に働きかけ、組織化していくネット

第Ⅱ部　心理職に求められること

ワークを作ったり、直接的な支援を行うのではなく、支援者を支えるようなコンサルテーション的な役割を重視したりしています。

④現場のニーズやエンパワメントの重視

あくまで現場におけるニーズを尊重するとともに、対象者が本来的に持っているよいところを伸ばし、力づけていく（エンパワーしていく）ことを重視します。

⑤危機介入

災害や事故、または事件の被害や虐待、さらには急な精神的混乱など、人は重大な危機的状況に直面することがあります。そのような緊急事態に対応するためのアプローチを危機介入といいます。危機介入については、第9章で詳しく説明しています。

コミュニティ心理学では、①から⑤までに説明したような様々なアプローチを用いて、効果的な危機介入の手法について探求されています。

⑥社会正義への視点

以上のようなアプローチを推し進めていくと、問題意識は、必然的に社会の制度面や人々の価値観そのものに向かっていきます。そして、社会制度の在り方自体を問い、社会変革の必要性が認識されるようになるかもしれません。

社会における公正さや正義の実現に向けた取組も、コミュニティ心理学の特徴の一つになっています。

2　多職種連携・地域連携の実情

それでは、実際に多職種との連携や地域での連携は、どのように行われているのでしょうか。主要5分野における心理職の活動を通して見ていきましょう。

第11章　地域で他の専門職と連携して働く

表11-2　保健医療分野の関係職種

医師	作業療法士
看護師	言語聴覚士
保健師	精神保健福祉士
助産師	その他の医療施設の職員
薬剤師	
理学療法士	要支援者の家族・関係者

（1）主要5分野における連携の実情

　第2章から第6章で説明したとおり、心理職は、主要5分野において、様々な形で心理的支援業務に取り組んでいます。

　それらについて、多職種連携・地域連携という観点から整理し、支援に関わる専門職と組織を説明するとともに、とくに重要となる事項について取り上げていきたいと思います。

①保健医療との連携

　保健医療分野に関わる専門職には、主に表11-2のような職種があります。

　このうち連携の中心となるのは、精神科などの病院や一般診療所の医師、精神保健福祉士などになります。第3章で見たように、病院や一般診療所は、心理職の主要な職域にもなっています。

　医師との連携については、重要な事項として「主治の医師の指示」の問題があります。すなわち、公認心理師法第42条第2項には、「公認心理師は、その業務を行うに当たって心理に関する支援を要する者に当該支援に係る主治の医師があるときは、その指示を受けなければならない。」と規定されており、違反した場合には公認心理師資格が取り消されることがあります（同法第32条第2項）。

　この問題は、第7章の公認心理師法の立法経緯のところでも触れましたが、心理職と医療職との間の論点となっていたところでした。このため、文部科学省及び厚生労働省から通知が発出され、表11-3のとおり運用基準が示されています（全文は巻末資料に掲載）。

129

第Ⅱ部　心理職に求められること

表11-3　「公認心理師法第42条第2項に係る主治の医師の指示に
関する運用基準」の概要

①基本的な考え方	公認心理師が行う支援行為は、診療の補助を含む医行為には当たらない。また、公認心理師は、要支援者の状況に関する情報等を当該主治の医師に提供する等により密接に連携する。
②主治の医師の有無の確認	公認心理師は、合理的に推測される場合には主治の医師の有無を確認する。主治の医師に該当するかは、一義的には公認心理師が判断する。
③主治の医師からの指示を受ける方法	公認心理師は、合理的な理由がある場合を除き、主治の医師の指示を尊重することとし、主治の医師に情報等を提供するなどしてその指示を受ける。また、要支援者に対し、当該主治の医師による診療の情報や必要な支援についての指示を文書で提供してもらうよう依頼することが望ましい。なお、公認心理師が主治の医師に直接連絡を取る際は、要支援者本人の同意を得た上で行う。
④指示への対応	公認心理師が主治の医師の治療方針とは異なる支援行為を行った場合、合理的な理由がある場合は、直ちに法第42条第2項に違反となるものではない。その場合、当該支援行為に関する説明責任は、当該公認心理師が負う。また、公認心理師は、個人情報が含まれることに十分注意して指示を受け、指示を受けた日時、内容及び次回指示の要否について記録する。
⑤指示を受けなくてもよい場合	心理支援とは異なる相談、助言、指導その他の援助を行う場合、心の健康についての一般的な知識の提供を行う場合は指示を受ける必要はない。災害時等は、必ずしも指示を受けることを優先する必要はないが、後日、適切な情報共有等を行うことが望ましい。
⑥要支援者が主治の医師の関与を望まない場合	要支援者の心情に配慮しつつ、主治の医師からの指示の必要性等について丁寧に説明する。
⑦その他留意事項	公認心理師は、主治の医師からの指示の有無にかかわらず、診療及び服薬指導をすることはできない。

（出典）文部科学省・厚生労働省（2018）

　なお、近年、保健医療分野での連携において重要性が増している事項に、アドバンス・ケア・プログラム（ACP）があります。

　このACPとは、人生の最終段階における医療・ケアについて、本人が家族等や医療・ケアチームと繰り返し話し合う取り組みのことであり、厚生労働省は、愛称を「人生会議」と命名するとともに、11月30日（いい看取り・看取られ）

第11章　地域で他の専門職と連携して働く

表11-4　福祉分野の関係職種

児童福祉司	社会福祉士
児童心理司	介護支援専門員
児童相談員	介護福祉士
心理療法担当職員	その他の福祉施設の職員
児童指導員	
保育士	要支援者の家族・関係者

を人生の最終段階における医療・ケアについて考える「人生会議の日」と定め、この取組みを推進しています。

　ACPでは、「もし回復の見込みのない重い病気になったら」とあらかじめ考え、考えた内容を家族や身近な人と話し合って共有し、書き留めておくことが大切となります。

　②福祉との連携

　福祉分野に関わる専門職としては、主に表11-4のような職種があります。

　福祉領域の関係職種の中心は、児童相談所の児童福祉司、各種児童福祉施設の児童指導員、保育園等の保育士などになります。

　また、福祉領域では、要支援者の家族との連携が求められることが少なくありません。第4章の事例からもわかるように、要支援者等の心の問題にはその家族が大きくかかわっていたり、虐待事案のように、家族そのものが問題の原因となっていたりする事例が多く見受けられます。したがって、適切な支援を行うためには、当該本人の課題だけでなく、その家族との間の過去及び現在の相互作用の在り方についても視野に入れてアセスメントし、働きかけを行っていくことが重要になってくるのです。

　③教育との連携

　教育分野に関わる専門職には、主に表11-5のような職種があります。

　教育分野においては、多くの心理職がスクールカウンセラーとして勤務しており、学校の教職員との連携が大変重要となっています。

第Ⅱ部　心理職に求められること

表11-5　教育分野の関係職種

校長（園長）	スクールカウンセラー
副校長（副園長）	スクールソーシャルワーカー
教頭	特別支援教育コーディネーター
主幹教諭	特別支援教育支援員
指導教諭	教育センター等の相談員
教諭	健康相談室等のカウンセラー
講師	その他の教育施設の職員
養護教諭	
栄養教諭	要支援者の家族・関係者
司書教諭	

表11-6　司法・犯罪分野の関係職種

裁判官	少年指導委員
裁判所書記官	少年警察協助員
家庭裁判所調査官	児童福祉司
補導受託者	児童心理司
矯正心理専門職（法務技官（心理））	児童自立支援専門員
法務教官	児童生活支援員
保護観察官	児童指導員
保護司	心理療法担当職員
検察官	その他の司法関係施設の職員
弁護士	
警察官	要支援者の家族・関係者
少年補導員	

　近年、学校内には複数の専門職が配置され、チーム学校という概念のもとで
協働して教育活動に従事するようになりました。とくに、担任教諭をはじめと
して、養護教諭、スクールソーシャルワーカー（SSW）、特別支援教育コー
ディネーター、特別支援教育支援員などとの連携が求められます。また、ス
クールカウンセラーは学校組織の一員であり（学校教育法施行規則第65条の3）、
校長、副校長の監督に服することとされているので（学校教育法第37条第4項）、
校長を始めとする管理職との協働がとくに重要になってきます。

④司法・犯罪との連携
　司法・犯罪分野に関わる専門職は、主に表11-6のような職種です。

第 11 章　地域で他の専門職と連携して働く

表 11 − 7　産業・労働分野の関係職種

産業医	外部の EAP（従業員支援プログラム）機関の職員
看護師	リワークプログラム運営機関の職員
保健師	その他の内部・外部機関の職員
衛生管理者	
企業の人事労務部門の職員	要支援者の家族・関係者
外部の医療機関の職員	

　司法・犯罪分野の心理職の特徴は、その多くが公務員として勤務しているということがあります。これは、司法権の発動が専ら公的機関によってなされているからです。

　また、公認心理師資格の取得の面からは、第 7 章で述べたとおり、「裁判所職員総合研修所及び家庭裁判所」と「少年鑑別所及び刑事施設」がいわゆる「プログラム施設」に指定されています。すなわち、大学で所定のカリキュラムを学んだ上で卒業し、各国家試験を受けて家庭裁判所調査官や矯正心理専門職（法務技官（心理））として採用されると、2 年後には大学院に進学することなく公認心理師資格試験の受験資格を取得することができます。

　司法権は大切な国家作用ですから、そこでの様々な活動は、法律、規則、通達等によって厳格に規律されています。このため、司法・犯罪分野においては、そうした知識の習得が求められます。

⑤産業・労働との連携

　最後に、産業・労働分野に関わる専門職には、主に表 11 − 7 のような職種があります。

　近年、社会のグローバル化や非正規雇用の増加などの労働環境の変化、様々なハラスメントの横行など、働く人々を取り巻く環境は厳しい状況が続いており、ストレス等によりうつ病にり患するなどして休職せざるを得なくなる労働者は増え続けています。

　第 1 章で見たように、産業・労働分野の心理職の人数はまだ少ないものの、今後さらに数を増やし、企業等の内外で活躍することが期待されています。

第Ⅱ部　心理職に求められること

　産業・労働分野のうち企業内の職員として勤務している心理職には、いくつかの特徴があります。

　まず、営利を目的とする企業内では、一般に守秘義務の制約が厳しく、個人に対する心理支援の実績に関するデータを共有することが難しいという実情があります。このため、心理支援に関する知見が蓄積されにくく、ほかの分野に比べると遅れがちになりやすいところがあります。

　また、要支援者等と職場が同じとなることが少なくないために、多重関係（第8章）を避けることが困難なことがあります。たとえば、心理的支援業務の対象となっている要支援者等について、別の場面では同じプロジェクトで一緒に仕事をしなければならないといったことも起こり得るでしょう。この場合、多重関係をどのように処理するのかについては、工夫を要することになります。

　このように、企業内の心理職には、より柔軟な職務遂行能力が求められています。

（2）被災地支援活動

　近年、大地震や風水害による甚大な被害が続発しています。地域社会は混乱状態となり、被災者は心理的に深刻な状況に陥ります。

　このような被災地の支援に際して、心理職の果たすべき役割には大変大きなものがあり、実際に過去の大規模災害等においては、学会、大学、職能団体をはじめとして、多くの個人が様々な形で心理職として被災者への支援などの活動に当たってきました。

　米国などにおいては、こうした心理職による災害支援活動によって得られた知見等が組織的に取りまとめられており、それらは「サイコロジカル・ファーストエイド」（Psychological First Aid：PFA）として公表されています。詳しくは第9章で説明したとおりです。

第11章　地域で他の専門職と連携して働く

3　連携・協働の質を高めていくためには

　このように、近年、心理職にとって、多職種連携や地域連携は大変重要な機能となっています。

　それでは、こうした機能を的確に果たしていくためには、心理職はどのような点に留意し、また、どのような能力を高めていく必要があるのでしょうか。

（1）連携の形態

　心理職が多職種と連携するに当たっては、次のような三つの形態があります。

　連携にあたっては、自らの営みがこれらのいずれに当たるのかを明確に意識し、それに応じた的確な対応を心がけることが求められます。

①リファー

　要支援者等をほかの機関に紹介することをいいます。基本的には、その後は要支援者等に直接かかわることはありません。

②コンサルテーション

　要支援者等を直接支援している多職種に対して、助言などを行うことをいいます。基本的には、要支援者等に直接かかわることはありません。

③コラボレーション

　多職種と共に、要支援者等の支援に直接当たることをいいます。複数の職種が同時に同一要支援者等に対応します。狭義の「協働」に当たります。

（2）連携に際して求められる基本的能力

　心理職が多職種と効果的に連携していくためには、次のようないくつかの基本的な能力が求められます。

135

第Ⅱ部　心理職に求められること

　このため、心理職には、こうした能力を身に付けるための日常的な研さんが
重要となります。それらの具体的な方法などは、次の第Ⅲ部で説明します。

①心理職としての基本的な技能

　専門職として多職種と連携していくためには、第一に、自身の専門性につい
て十分な技量を有している必要があります。専門職がその専門性に基づくパ
フォーマンスを発揮する中で、はじめて専門職同士の連携が可能になるので
す。すなわち、心理職が心理職としての専門的技能を有していることは、多職
種との連携の前提となります。

　心理職に求められる専門的技能の内容については、次の第12章で取り上げ
ます。

②多職種との間のコミュニケーション力

　次に重要なことは、多職種との間で、相互に良好なコミュニケーションを交
わすことのできる能力を身に付けておくことです。

　将来、心理職に就くことを希望する人の中には、他者とのコミュニケーショ
ンが苦手であり、むしろそのために個人療法的な心理支援に関心を持つ人を見
かけます。しかし、心理的支援業務は、基本的に他者とのコミュニケーション
で成り立っています。とくに多職種との間では、それぞれの立場、求められる
技能、ものの考え方、職場風土など、多くの点で異質な専門職との連携が求め
られています。

　そのような多職種との間で良好なコミュニケーションを保つことのできる能
力は、これからの心理職にとって重要な能力となっています。

③多職種の組織や運用、職務内容などに関する知識

　多職種と連携するためには、その職種の職務内容について十分に理解してお
くことが求められます。これは、ちょうど一般の心理支援に際して、アセスメ
ントなど対象者理解が重要となることと基本的には同じことです。多職種との

第 11 章　地域で他の専門職と連携して働く

連携を充実させていくためには、その職種が所属している組織の制度や運用の実際など、幅広い情報を正確に理解しておくことが重要となります。

④多職種との関係性に働きかける能力

実際の連携の場面においては、以上に加えて、多職種との関係性を生かしながら、その専門職に対していかに働きかけていくのかが重要となります。

この関係性に働きかける能力は、一般の心理支援において要支援者等に対して働きかける際の実践的な能力と、基本的には同様のものと考えられます。すなわち、多職種との関係性について的確にアセスメントを行い、それに応じて効果的な介入方法を検討し、実施します。そして、介入の効果を把握し、さらに有効な働きかけを行っていくのです。その際には、③に述べた多職種に関する知識が大変役立ちます。

こうした働きかけの能力についても、次の第 12 章で見ていくことにしましょう。

⑤自己責任と自分の限界への認識

これまで、多職種との連携のメリットを中心に説明してきました。しかし、当然ですがデメリットもあります。その一つは、多職種の活動に頼るあまり、自らの責任を果たせなくなるおそれがあるということです。一般に、「フリーライダー」（グループ活動において、ほかのメンバーの成果に頼り、一部のメンバーが何もしなくなるということ）と呼ばれる問題です。

また、これとは逆に、多職種の活動が不十分であると批判し、自らの専門性を上位に見て固執するといった問題も生じ得ます。さらに、自らの専門知識や技能が不十分であるにもかかわらず、困難な問題を引き受けたり、権限の及ばない事項に関与したりといったことも起こり得ます。

いずれも、自己責任や自己の限界を十分認識できていない行為であり、多職種との協働を阻害し、チームとしての成果が発揮されないばかりか、要支援者等に対して害を及ぼすおそれのある問題です。多職種との連携を進める上で、

第Ⅱ部　心理職に求められること

十分に注意する必要があります。

引用文献

文部科学省・厚生労働省（2018）．公認心理師法第42条第2項に係る主治の医師の指示に関
　　する運用基準について（平成30年1月31日付け文部科学省初等中等教育局長、厚生労働省
　　社会・援護局障害保健福祉部長通知）（https://www.mhlw.go.jp/content/12200000/000964676.
　　pdf）（2024年12月22日閲覧）

第III部

心理職として働きつづける

心理職の資格は数多くありますが、全ての心理職に共通していることは、資格の取得が必ずしも心理職としての技能を保障するものではないということです。

　心理職にとって、資格を取ったということは、いわばスタートラインに立ったようなものであり、その後の日々の実践を通じての学びこそ本当の意味での心理職となるための道すじになるのです。このことは、公認心理師法第43条に「公認心理師は、国民の心の健康を取り巻く環境の変化による業務の内容の変化に適応するため、第2条各号に掲げる行為に関する知識及び技能の向上に努めなければならない。」と明記されているとおりです。

　第Ⅲ部では、このように心理職に継続的な資質向上の責務が課せられている理由やその在り方なとについて考えていきましょう。

第12章

自分の課題を見つけて解決する

　心理職に求められる知識や技能は多岐にわたります。本章では、それらについて概観するとともに、心理職として成長するために欠かすことのできない自己課題発見・解決能力について説明します。

1　心理職に求められる基本的な能力とは

　心理職がその職務を的確に行うために求められる基本的な能力とは何でしょうか。これについては、近年、心理職のコンピテンシーとは何かという問題として検討されています。

（1）心理職のコンピテンシー

　コンピテンシー（Competency）とは、単語そのものとしては資格や能力という意味ですが、経営学や心理学などの領域においては専門用語として使用されており、その内容や定義をめぐって様々に議論されている言葉です。

　ここでは、心理職に求められているものは何かという観点から多様な定義の共通項をとりまとめ、「専門職として適切に機能するために求められる能力、倫理、知識、技能など」と定義しておきます。

　心理職のコンピテンシーについては、公認心理師を養成する大学、大学院及び実務経験を行う施設等の機関によって構成される全国組織である「日本公認心理師養成機関連盟（公養連）」によって、図12－1のような「コンピテンシー・モデル」が示されています。

第Ⅲ部　心理職として働きつづける

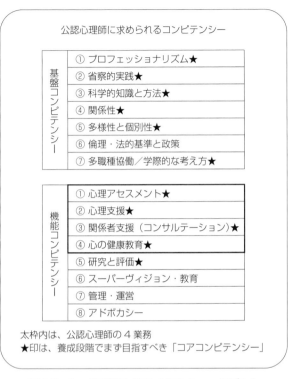

図 12-1　公養連の「コンピテンシー・モデル」
（出典）日本公認心理師養成機関連盟（2023）（一部改変）

　このうち「基盤コンピテンシー」とは、心理職として仕事をしていく際に、どのような職種であっても共通して求められる基本的な能力や価値観のことをいいます。
　また、「機能コンピテンシー」とは、基盤コンピテンシーを身に付けた上で、心理職が実際に専門職として質の高い仕事を行っていく上で必要とされる知識や技能のことをいいます。前者が心理職としての基礎的な行動特性、後者が心理職として必要とされる具体的な職務遂行力と考えると理解しやすいでしょう。
　この両者によって、心理職としての専門性が支えられているのです。

第12章　自分の課題を見つけて解決する

　なお、★印で示している11のコンピテンシーについては、心理職として学び始める早い段階で身に付けるべきコンピテンシーということで、とくに「コアコンピテンシー」と呼ばれています。

（2）基盤コンピテンシーとは

　あらゆる心理職に共通する基礎的な能力や価値観である基盤コンピテンシーは、次の七つのコンピテンシーから構成されています。

①プロフェッショナリズム

　プロフェッショナリズムとは、心理職としての専門性の基礎となる能力や価値観の総体のことです。具体的な内容としては、以下に述べる各コンピテンシーを総合したものということができます。前述の公養連においては、公認心理師の養成カリキュラムの検討に際して、このプロフェッショナリズムの重要性が強調されています。

②省察的実践

　省察的実践（Reflective Practice）は、自分自身の能力、知識、技能、行動などを振り返り、自己評価を行うとともに、それらの改善に取り組み続けていく活動をいいます。反省的実践、内省的実践などとも呼ばれています。

　心理職における最も重要なコンピテンシーであり、次の項目で詳しく説明します。

③科学的知識と方法

　心理職には心理学的な知識が求められており、それが心理職の定義でもありました（第1章）。すなわち、心理職には、心理学の基本となる科学的なものの見方や研究手法を身に付けていることが求められます。

143

第Ⅲ部　心理職として働きつづける

④関係性

　関係性とは、他者との関係のありようのことです。心理職という職業に共通していることは、それが何らかの形で人と関わる仕事であるということです。心理職の役割を果たすためには、何よりも他者との間で良好な関係性を形成し、維持することが重要となります。

⑤多様性と個別性

　心理職は、人々の心の健康の維持、増進に寄与する職種です（第1章）。当然のことですが、人は一人として同じではありません。その性格や行動傾向はきわめて多様であり、そのことが人間の尊厳を基礎づけているともいうことができます。人々の心の健康に役立つためには、一人ひとりの多様性や個別性を尊重する姿勢を身に付けておくことが求められます。

⑥倫理・法的基準と政策

　心理職にとって倫理が重要な要請となっており、その職務を遂行するに際して法令等の順守が求められていることについては、第8章で説明したとおりです。さらに、第2章から第6章までの心理職の具体的な職務内容からわかるように、実際の仕事に際しては、その職場に関する様々な例規や運用ルールを理解するとともに、その職場の風土に応じて適切に行動する必要があります。

⑦多職種連携／学際的な考え方

　心理職は、一人でその役割を果たすことはできません。第11章で説明したように、心理職が職務を遂行していく上では多職種との連携が大変重要となっています。

　また、心理職は、心理学の知見等を活用して心の問題に対処していきますが（第1章）、心理学という学問の特徴として、これが学際的な学問であるということがあります。すなわち、人間の思考、感情、行動などを科学的に究明しようとする心理学は、人々の生き方に関係している様々な学問領域―医学、生物

学、社会学、教育学、経済学、文学、芸術学、歴史学など―と関係しており、それに伴って、教育心理学、社会心理学、認知心理学、神経心理学、家族心理学、音楽心理学など、多くの応用分野を抱えています。

心理職としてよりよい仕事をしていくためには、こうした学際的な知見も重要となってきます。

（3）機能コンピテンシーとは

心理職による質の高い実践に求められる知識や技能である機能コンピテンシーは、次の八つのコンピテンシーから構成されています。

①心理アセスメント

②心理支援

③関係者支援（コンサルテーション）

④心の健康教育

以上の四つのコンピテンシーは、そのまま公認心理師法第2条各号の公認心理師の4業務（第7章）を示しています。

心理職としての役割を十分に果たしていくためには、当然にこれら4業務に関する適切な職務遂行能力を身に付けておく必要があります。

⑤研究と評価

心理職は、心理学の知見等を活用して心の問題に対処することを職務としています（第1章）。心理学は科学ですから、客観的な手法による研究と適切なエビデンスに基づく評価が重要とされています。したがって、心理職の実践においても、そうした知識や技術はもちろん、実際の研究活動が求められているのです。

このような心理職の在り方については、「科学者－実践者モデル」（Scientist-Practitioner Model）、「実践家－研究者モデル」（Practitioner-Scholar Model）と呼ばれています。各モデルが採択された会議の名前を取って、前者はボルダーモデル（Boulder Model）、後者はヴェイルモデル（Vail Model）と呼ばれることも

145

第Ⅲ部　心理職として働きつづける

あります（村椿・富家・坂野、2010）。

⑥スーパービジョン・教育

　基盤的コンピテンシーの二つ目に「省察的実践」がありますが、自らの能力、知識、技能、行動などを適切に振り返り、評価するためには、個人では限界があり、より経験の豊かな第三者による助言や指導が求められます。そうした活動を「スーパービジョン」（supervision：SV）と呼びます。

　スーパービジョンは、心理職にとって大変重要なコンピテンシーなので、次章（第13章）で詳しく説明します。

⑦管理・運営

　心理職は、要支援者等に対する心理的支援業務を実践するに際しては、何らかの組織に所属し、その業務の一環として行うことになります。個人として開業する場合であっても、個人事業者となるわけですから、むしろ全ての管理運営業務を一人で行うこととなり、基本的には同様に考えられます。

　組織的な業務を担うことになる以上、濃淡や軽重はあるものの、何らかの形で管理・運営業務に従事することになります。第13章で説明するように、経験を重ねるほどに、そうした業務の比重が高まり、それは心理職としての成長の一側面ということができます。

　このような管理・運営業務に関する知識や技能も、重要なコンピテンシーの一つとなります。

⑧アドボカシー

　アドボカシー（advocacy）とは、声を上げるという意味の言葉であり、代弁や擁護、さらには、権利が侵害されていたり弱い立場にある人々のために活動するといったことを意味するようになっています。

　第11章において心理学における新しい潮流としてコミュニティ心理学を紹介しましたが、そこでは、社会の公正や正義の実現に向けた取組への展開の可

第 12 章　自分の課題を見つけて解決する

能性が示されていました。心理職には、社会正義の実現という観点から、アドボカシーとしての知識や技能も求められているのです。

2　省察的実践

　心理職の機能的コンピテンシーのうち最も重要となるのは、省察的実践（reflective practice）です。省察的実践とは何か、そしてそれがどうして心理職にとって重要なのかについて考えていきましょう。

（1）省察的実践とは何か

　省察的実践とは、自らの行為を謙虚に振り返り、その意味するところを理解するとともに批判的に検討し、そしてそこからわかったことを実践していくことを意味します。アメリカの哲学者ショーン（Schön, 1983 柳沢・三輪監訳 2007）が提唱し、医療分野や組織的学習、生涯教育の領域を中心に広く活用されている考え方になります。

　人は、何か行動を起こすときに、そのことを全て意識的に行っているのではありません。たとえば毎日の決まった朝食のときに、私たちはとくに意識することなく同じルーティンを繰り返しています。ある料理を作ろうとして、ある量の水を鍋に入れて、ある時間火にかけてある温度のお湯を沸かして、ある商店で購入したある卵をあるタイミングでその鍋の中に入れて……などと一つひとつ考えたりはしていません。

　このように、人の行動は、多くは意識されない暗黙の知識や技能に基づいています。しかし、暗黙の知識や技能に留まっている限り、それを超えて発展を生み出すことは難しくなるでしょう。プロの料理人が少しでもおいしい朝食を作ろうとした場合、卵の選定やお湯の温度、ゆでる時間などに細心の注意を払い、よりおいしくなるように日々工夫を重ねていくことになるのではないでしょうか。

　こうした自らの行為の中でそのことについて振り返り、その意味を理解し、

147

第Ⅲ部　心理職として働きつづける

その後のよりよい実践につなげていくといった営みが専門職においては大変重要になるのです。

（2）心理支援の本質と省察的実践

　心理職の仕事の大きな特徴の一つは、そこには正解がない、あるいは少なくとも簡単には見つけることができない、ということにあります。

　人はきわめて多様です。それぞれ生まれながらの生物学的な特質と、その後の多様な成育環境によって、いまの独特な性格行動特性が形成されています。さらに人には、自由な意思があります。これからどのような選択をしていくのかは、本人でなければ、あるいは本人でさえも予測することは難しいのではないでしょうか。

　心理職は、このように個別性の大変高い、唯一絶対ともいえる「人間」を対象としています。そうである以上、心理職には、対象者の特性に応じた柔軟な理解と判断、そして技能が求められることになるでしょう。全ての人々に同じように働きかければ、同じように効果を生じるといったような万能な方法は、残念ながら心理職の仕事の中にはあり得ないのです。

　こうした要支援者等の個別性に応じて柔軟かつ的確な対応を検討していくといった姿勢は、そのまま省察的実践にほかなりません。すなわち、省察的実践は、心理職の心理支援における本質的な姿勢と基本的に同じものであるということができるのです。

3　心理職を目指そうとする動機について

　省察的実践は実践である以上、文字だけからは理解することができず、経験を踏まえて身に付けていく必要があります。

　そこで、ここでは皆さんが心理職を目指していると仮定して、それがなぜなのかを問いかけることによって省察的実践をさらに深く理解していきたいと思います。

（1）なぜ心理職になりたいと思っているのか

　あなたはなぜ心理職になりたいと思っているのでしょうか。それには何かきっかけのようなものはありましたか。あなたのどんなところが心理職に向いており、逆にどんなところが心理職として難しいと感じているのでしょうか。

　少し静かな環境で、これらの質問に対してじっくりと考えてみてください。そして心に浮かんだありのままを文字にして書いてみましょう。

　たとえば、これまで自分が心の問題で苦しんだ経験があり、その時に支援してくれた心理職にあこがれて自分も心理職になりたいと思っているかもしれません。

　まずは、そのような自分の心の中の思いを素直に振り返り、それをそのまま温かく受け入れましょう。あまり批判的になることなく、そのことをそのままに受け止めることが大切になります。

（2）動機を見つめ続けることの重要性

　よく聞かれる動機には、これまでの人生の中で心を痛める経験があり、その際にスクールカウンセラーなどの心理職に助けられたことから、自分もそうした仕事に就きたいという希望を持つようになったというものがあります。

　また、自分は性格的に不特定の人と協調したりするのが苦手なので、一対一で人と向き合うことのできる心理職を目指しているという人もいます。

　いつも心が痛んで苦しいので、心理職になれば自分が少しでも救われるのではないかと期待している人、他の人の人生に影響を与えたり他の人から頼られたりすることに、どこか強い魅力を感じている人、あまり深く考えることなく差し当たり体裁がよく収入も得られそうだと考えている人など、心理職を目指そうとする動機には様々なものがあるでしょう。

　そうした心理職になりたいという動機は、どれも皆さんの大切な気持ちです。まずはそれら全てを温かく心の中に受け入れてください。そして、このように自分に問いかけてみましょう。

　その動機は、これから自分が心理職になるに当たってどのようなよい面があ

るのだろうか？　またその反対に、もし心理職として困難を抱える可能性があるとすると、それはどのような面なのだろうか？　このような動機で心理職を目指している自分は、よりよい心理職となるために何をどのように学び、行動していけばよいのだろうか？

　このように心理職になりたいと思う動機について振り返り、それを自らの行動に反映させていく取組は、そのまま省察的実践の一つとなります。心理職には、こうした省察的実践を生涯にわたって行い続け、たえず自己変革を図り、成長し続けていくことが求められているのです。

　心理職の職務は、無限の深淵を抱えているともいえる「人間」に正面から向き合う仕事です。だからこそ、反省的実践が重要なコンピテンシーとされているということができるでしょう。

引用文献

村椿智彦・富家直明・坂野雄二（2010）．実証的臨床心理学教育における科学者実践家モデルの役割　北海道医療大学心理科学部研究紀要, 6, 59-68.

日本公認心理師養成機関連盟（2023）．コンピテンシー・モデルに基づく公認心理師養成カリキュラムの提言　公認心理師養成カリキュラム検討委員会報告書（https://kouyouren. jp/wp-content/uploads/2023/07/20230701.pdf）（2024年11月1日閲覧）

Schön, D. A. (1983). *The reflective practitioner: How professionals think in action.* Basic Books.（柳沢昌一・三輪建二（監訳）（2007）．省察的実践とは何か——プロフェッショナルの行為と思考　鳳書房）（佐藤学・秋田喜代美（訳）（2001）．専門家の知恵——反省的実践家は行為しながら考える　ゆみる出版）

第*13*章

心理職として成長する

　これまで心理職に求められる能力、倫理、知識、技能などを見てきました。これらを身に付け、要支援者等に適切な心理的支援業務を行っていくためには、心理職には、資格を取得するだけでは十分ではなく、その後も生涯にわたって学び続けることが求められています。

1　心理職としての成長とは

　心理職として成長するとはどういったことなのでしょうか。
　心理職がどのようにその知識や技能を高めていくのかについては、これまで研究者によっていくつかの心理職の成長モデルが提示されています。

（1）心理職の成長段階
　心理職の成長に関して広範に調査した研究に、ロンネスタッドとスコフホルトの研究成果（Rønnestad & Skovholt, 2003）があります。
　彼らは、100人の心理職を対象にインタビューなどを行い、専門職としての成長に関する横断的かつ縦断的な研究を行いました。その結果、心理職の6つの成長段階と14の成長テーマがあることを示しました。
　このうち心理職の成長段階は、図13－1のとおりです。

①学習前の段階
　学習前の段階とは、大学教育において心理職としての専門的な学習を始める

図13-1　ロンネスタッドらの6つの成長段階
(出典) Rønnestad & Skovholt (2003)（一部改変)

前の段階をいいます。

　誰であっても、これまで友人や家族などの他者から心の問題に関連する相談をされ、助言などを行った経験があるでしょう。その際には、自身の経験や常識的な見方に基づいてアドバイスをしていたかと思います。このような活動は、心理職が心理学的な知見に基づいて支援を行うことと区別することができます。

　②初学者期

　初学者期とは、大学教育において心理職としての専門的な知見を学び始めた段階のことです。

　心理学を中心とする学問的知識を学習するとともに、心理的支援業務の技術について体験的に学び始めます。

　学習前の段階では当然と思っていたことが、心理職の領域では異なって理解されていることに戸惑いを覚えるかもしれません。自分の性格行動傾向や幼少時期の親子関係などに目が向き、心理的に動揺したり、自分が心理職に向いているのだろうか、本当にその役割を果たすことができるのだろうかといった迷いが生じたりします。

　大学教員や先輩・同級生らとの学びを通して、そうした困難を少しずつ克服していきます。

③上級生期

上級生期とは、大学での基礎的な学習を修め、大学院に進学して本格的に心理職の知識と技能について学んでいる段階のことです。欧米では、大学及び大学院教育を修めた後のインターンの時期がこの段階に該当します。しかし、日本では、インターン制度が導入されていないため、大学院で実際にケースを担当する時期がこの上級生期に当たります。

はじめて現実の要支援者等の相談に応じることは、上級生期の学生にとって大きな不安とストレスになるものです。誰もが、自分は本当に心理支援を行うことができるのだろうか、どのように話しかけ、また話を聴いてあげればよいのだろう、要支援者等を傷つけたり、不快な思いをさせたりしないだろうか、50分間話が持つのか、などといった考えが頭に浮かび、最初の面接の前夜はよく眠れなかったりするものです。

この時期に重要となるのは、指導を担当する心理職から受けるスーパービジョン（SV）です。これについては、後ほど詳しく説明します。

④初期の専門職期

初期の専門職期とは、大学及び大学院における教育を修め、資格を取得し、実際に心理職として仕事に従事し始める段階をいいます。

この時期の実践経験は、ほぼすべての心理職にとって、新鮮かつ強烈な経験となり、その後の心理職としての歩みの礎になります。とくにはじめて担当したケースは「イニシャルケース」と呼ばれ、その心理職が成長していく上での課題が集約的に現れるとされているほどです。

初期の専門職期の特徴は、どのような職場で心理職の仕事に就くのかによって、実践および成長のための環境が大きく異なってくるということにあります。

第Ⅰ部で各分野の主な心理職の仕事の実際について見てきたように、たとえば教育領域のスクールカウンセラーの多くは、一人職場で働き、研修機会も年数回の教育委員会等による集合研修が用意されているだけですが、司法分野の家裁調査官や矯正心理専門職（法務技官（心理））では、設備の整った研修施設

第Ⅲ部　心理職として働きつづける

で集中的な集合研修が行われるのに加え、各現場におけるきめ細かいスーパービジョンなどが用意され、組織的な人材育成が図られています。

　したがって、この段階で重要になるのは、各所属組織や仕事の現場において、いかに充実した教育環境を確保するかということにです。かりに一人職場などでそれが難しい場合には、個人や学会、職能団体などが実施する研修やスーパービジョンの機会を活用したり、出身校の学内相談室の相談員を兼務して教員の指導を受けたりするなどして、自ら学びの場を確保していくことが求められます。

　⑤経験豊富な専門職期

　経験豊富な専門職期とは、心理職の職務に10年以上従事するなどして十分な実践経験を重ねた段階をいいます。

　心理職が基盤とする臨床心理学については、後で説明するように、理論や技法がきわめて多様であり、ときにそれらが相対立しているという特徴があります。このため、心理職の仕事を続ける中で、自らが拠って立つ知識や技能について迷いや混乱が生じるようになり、自分の心理実践が本当に要支援者等の役に立っているのか確信が持てなくなって、場合によっては自信を失って燃え尽きてしまう「バーンアウト」という状態に陥ってしまうようなことが起こり得るのです。

　しかし、スーパービジョンなどによる学びを通して自己成長を続け、この経験豊かな専門職期の段階に至ることができると、混乱していた理論や技法に統一感がみられるようになり、その心理職にとっての心理実践が自然な形で統合され、要支援者等に対するより効果的な支援が可能になってきます。それは、心理職としてできることとできないこととの限界を穏やかに受け入れ、要支援者等の個々の問題性に応じて柔軟に理論や技法を使い分けることができるという形で示されます。

　さらに、そのような統合は、心理実践の場だけではなく、その心理職の個人としての自己認識とも統合されていきます。そして、心理職としてのいわゆる

154

純粋な自己一致の状態に近づいていくのです。

⑥熟練した専門職期

　熟練した専門職期とは、心理職として20年以上職務に従事するなどして心理実践に熟達した段階をいいます。

　この段階に至ると、心理職の課題は、後進への経験の伝承と、自らの引退ということになります。しかし、この熟練した専門職期の特徴の一つには、一人ひとりの心理職のありようが大きく異なってくるということがあります。

　ある心理職は、より効果的な心理実践を重ねながら、後進からも慕われて自らの経験を伝える機会を持つとともに、若い心理職たちからも多くを学び続けています。自らの能力の衰えも自然に受け入れ、やがて訪れる引退の機会を穏やかに待ち続けます。他方、ある心理職は、独自の世界観に固執して我が道を一人で歩み続けています。能力の衰えも受け入れることができず、これまで達成してきたことの少なさと、これから失うことになるものの大きさの中で、自分以外の人や物に対する不満を募らせたり、何事にも意欲を失って無関心になっていたりします。

　このような違いはどうして生じるのでしょうか。それは、その心理職が生涯にわたって学び続ける姿勢を持っているか否かということにあるようです。

　生涯にわたる学習は、心理職にとって大変重要な営みなのです。

（２）心理職の成長テーマ

　ロンネスタッドら（Rønnestad & Skovholt, 2003）は、以上の心理職としての成長段階に加えて、心理職が成長する際の重要な課題について、表13－1のような14の心理職の成長テーマとして示しています。

①「専門職としての自己」と「個人としての自己」との統合

　心理職は、自分自身をいわば「道具」として要支援者等と向き合い、心理的な働きかけを行っていきます。その際には、臨床心理学的な理論や技法が使用

第Ⅲ部　心理職として働きつづける

表 13-1　ロンネスタッドらの 14 の心理職の成長テーマ

テーマ①	「専門職としての自己」と「個人としての自己」との統合
テーマ②	自分の「内部」、「外部」、「内部」へと移り変わる視点の変化
テーマ③	すべての段階で前提となる「継続的な省察」
テーマ④	成長を推し進める「学ぶことへの飽くなき意欲」
テーマ⑤	「外部の専門知識」から「内部の専門知識」への重点の変化
テーマ⑥	心理職の成長が不安定ながらもゆっくりと継続的なものであること
テーマ⑦	心理職の成長が生涯にわたるものであること
テーマ⑧	初心者が経験し、やがては克服される「専門職としての不安」
テーマ⑨	心理職が影響を受け、多くを教えられる「要支援者等からの学び」
テーマ⑩	心理職の専門性に影響を与え続ける「心理職の個人としての生活」
テーマ⑪	文字から得られる知識よりも影響力のある「対人関係からの学び」
テーマ⑫	経験のある心理職や大学院教育に対する「初学者の厳しい視線」
テーマ⑬	人間の多様性への理解を高めることにつながる「苦しみの経験」
テーマ⑭	「心理職の力」の幻想から「要支援者等の力」の信頼への再編

（出典）Rønnestad & Skovholt (2003)（一部改変）

されますが、それらがその心理職自身の本来持っている性格行動傾向や価値観、信念などと統合され、自己一致していることが大切になってきます。

②自分の「内部」、「外部」、「内部」へと移り変わる視点の変化

このような専門職としての自己と個人としての自己の統合は、次のような心理職としての視点の変化に伴って進んでいきます。

まず前述の「学習前の段階」では、自身の内部の考えや価値観に基づいて自然に支援を行うことになるでしょう。次の「初学者期」以降は、外部から得られる理論や技能について学んでいくことになりますが、その内容は原理原則に忠実なものとなっていきます。さらに「経験豊富な専門職期」以降になると、再び自己の内面との統合が図られるようになり、より確実で柔軟な支援が可能となっていくのです。

第13章　心理職として成長する

③すべての段階で前提となる「継続的な省察」

第12章で説明したように、心理実践において継続的に省察を行うことは、心理職としての最も大切な基本的姿勢となります。

④成長を推し進める「学ぶことへの飽くなき意欲」

心理職の資格を取得するためだけではなく、生涯にわたって学び続けることが心理職の成長にとって大変重要であることは、「熟練した専門職期」のところで説明したとおりです。それを支えていくのは、学ぶことへの飽くなき意欲になります。

⑤「外部の専門知識」から「内部の専門知識」への重点の変化

上述のテーマ①とテーマ②で説明したように、心理職の視点は、その成長に伴って内部から外部へ、外部から内部へと変化していきます。これに伴って、心理職は、自分から離れたところにある外的な専門知識からよりも、自分のより身近にある内的な専門知識、たとえば信頼できる指導者や同僚とのスーパービジョン、あるいは自分のものとすることができている内在化された知見などから、より多くの有益な知識と経験を得るようになっていきます。

⑥心理職の成長が不安定ながらもゆっくりと継続的なものであること

心理職の成長は一直線に進むものではありません。自らの能力の伸長を実感できることもあるかもしれませんが、時に失望し、不安や落胆を経験することもあるでしょう。そして、新しい学びがあり、それらを統合していくといったサイクルを繰り返す中で、少しずつゆっくりと進んでいくものなのです。

⑦心理職の成長が生涯にわたるものであること

このような心理職としての成長は、資格取得を目指す学生時代に限られたものではありません。それは生涯にわたって地道に積み重ねられていきます。また、経験を積んで後進の育成に携わるようになった後も、教えることにより教

157

第Ⅲ部　心理職として働きつづける

えられるという形で学びが続いていくのです。

⑧初心者が経験し、やがては克服される「専門職としての不安」

　心理職としてはじめて要支援者等と面接する時の不安には、とても大きなものがあります。「頭の中が真っ白になりました」という声は、多くの大学院生から聞かれる言葉です。しかし、ほとんどの学生は、学びの中でそうした不安を克服していきます。

⑨心理職が影響を受け、多くを教えられる「要支援者等からの学び」

　心理職は、要支援者等への心理的支援業務を通して、要支援者等から多くのことを学んでいきます。講義や書物から得られる知識というものは、じつは心理職にとってそれほど大きなものではありません。心理職としての知識や技能の最も肝心な部分は、心理的支援業務の実践を通して、その対象である要支援者等から教えられ、身に付けていくものなのです。

⑩心理職の専門性に影響を与え続ける「心理職の個人としての生活」

　心理職は自分自身を「道具」として支援を行うことから、心理職自身の個人としての生活の在り方は、専門職としての機能に大きな影響を与えることになります。それには、心理職になってからの個人としての経験はもちろん、幼少時期の親子関係など、過去の個人としての経験も含まれます。

　心理職を志望する学生の中には、幼少時期に何らかの否定的な対人関係を経験している人が少なくないように見受けられます。そうした困難な経験が心理職として成長する上でどのように影響するのかについては、一概に判断することはできません。大切なことは、第12章で取り上げた自己省察に真摯に取り組み、自らの今の生活や過去の生活歴のありようを的確に把握しておくことです。それができている限りは、様々な困難な体験は、心理的支援業務において障害となるよりも、むしろより深い理解への橋渡しになってくれることでしょう。

第13章　心理職として成長する

⑪文字から得られる知識よりも影響力のある「対人関係からの学び」

　心理的支援業務は一種の「技能」ですから、文字から得られる知識には限界があり、実際の対人関係を通して多くを学んでいくことになります。たとえば泳ぎを習おうとした時に、水泳に関する教本を完璧に覚えたとしても、おそらく泳ぐことはできないでしょう。実際に水の中に入り、その中で身体を動かしていくことを通してのみ、人は水泳を身に付けることができるのです。

　もちろん、このことは、書籍等による学習の効果がないということを意味しているわけではありません。実践と理論学習とはいわば車の両輪のようなものであり、両者が相互に影響を与え合うことによって学びが深まっていきます。

⑫経験のある心理職や大学院教育に対する「初学者の厳しい視線」

　新しく心理職になろうとする人にとって最も重要な対人関係は、心理職になるための教育を受ける大学院の教員や実務を教える経験のある心理職との関係になるでしょう。その際、初学者は、教員らを過度に理想化したり、逆に、過度に否定的な評価をしたりしやすくなります。

　これは、人間の成長過程において、養育者を理想化したり、価値下げしたりするのと同じようなメカニズムということができるでしょう。

⑬人間の多様性への理解を高めることにつながる「苦しみの経験」

　心理職が対象とする「人間」はきわめて多様な存在です。生まれながらの性質、育った環境、性格行動傾向、価値観などが異なります。一人として同じ人は存在し得ません。そのような人間の心の問題に取り組む心理職には、多様性を受け入れることのできる柔軟性と、不確実で予測困難な状況にも粘り強く取り組むことのできる耐性とが求められます。

　そのような柔軟性と耐性は、これまで説明してきた省察的実践を通じて養われていくのですが、その際には、様々な困難に直面して失敗した経験や苦労などがよい影響を及ぼしていることがわかっています。

159

第Ⅲ部　心理職として働きつづける

⑭「心理職の力」の幻想から「要支援者等の力」の信頼への再編

　心理職は、心理実践の経験を深めていくにしたがって、自らの心理職としての力量に対する自信から、徐々に、要支援者等が持つ潜在的な可能性や力強さといったものへの信頼へと、認識が変化していきます。また、心理職自らの能力の限界に直面し、それに悩み苦しむことを通して、穏やかに受け入れることができるようになってきます。

　熟練した専門職期に達した心理職の特質について「マスターセラピスト」という概念で多くの研究が行われていますが、それらのいずれにおいても、熟達した心理職の特徴として「謙虚さ」と「穏やかさ」が挙げられているのは、このような認識の再編成が起こるためということができます。

（3）心理職の具体的なキャリアパス

　心理職になるとどのようなキャリアパスを歩むことになるのでしょうか。

　心理職の職域は、主要5分野に私設心理相談室等の分野を加えた6分野に分類され、それぞれに多くの職種があります（第1章）。心理職として仕事に就いた後のキャリアパスについては、それぞれの職種によって大きく異なっています。

　このうち具体的なキャリアパスが明確に規定されている職種は、福祉分野の児童相談所、教育分野の教育委員会、司法・犯罪分野の家庭裁判所や少年鑑別所などに勤務する公務員となります。

　たとえば公認心理師試験のプログラム施設（第7章）として指定されている家庭裁判所や少年鑑別所で働く心理職の具体的なキャリアパスは、次のようになっています。また、第5章で説明したように、両職種とも、この間に事務局等に配置されて各種の事務を担当することがあります。その場合には、その事務職に特有のキャリアパスのいずれかの位置に配属されることになります。

【家庭裁判所調査官のキャリアパス】

家庭裁判所調査官補→家庭裁判所調査官→主任家庭裁判所調査官→総括主任家庭裁判所調査官→次席家庭裁判所調査官→首席家庭裁判所調査官

第13章　心理職として成長する

【矯正心理専門職（法務技官（心理））のキャリアパス】
法務技官（心理）→専門官→統括専門官（課長相当）→首席専門官→施設長

　これに対して、保健医療分野の心理職の多くや教育分野のスクールカウンセラーなどは、いわゆる一人職場であることも多く、その場合には具体的なキャリアパスは設定されていないことになります。

　しかし、このことは、心理職として成長していく道筋が不明瞭であるということを意味しているわけではありません。心理職には、先に説明したような心理職として独自の成長段階があります。その中で、心理職として心理的支援業務に携わる経験を重ね、心理職としての熟練度が高まるにつれて、そのための組織の運営や管理に関する業務に携わることが多くなっていきます。それは、形式的には心理的支援業務そのものではないかもしれませんが、実質的には現場でそれが適切に行われることを支える大変重要な仕事となります。そして、そうした管理・運営業務に関する知識や技能も、心理職としての重要なコンピテンシーの一つとなっているのです。

　具体的なキャリアパスが明確に設定されていてもいなくても、心理職として成長していくことには変わりはありません。要支援者等のために心理学の知見を活かして心理的支援業務にあたるという心理職にとって、心理職の成長段階を踏まえてたゆみなく学び続けていくということは、具体的なキャリアパスの有無とは全く関係なく、心理職に求められる大切な職務姿勢なのです。

2　スーパービジョン

　これまで説明したように、心理職として成長していく中で、大学院での「上級生期」から「初期の専門職期」にかけてスーパービジョンが大変重要な役割を果たしています。

　スーパービジョンとはどのようなもので、実際にどのように行われているのかについて見ていきましょう。

161

第Ⅲ部　心理職として働きつづける

（1）スーパービジョンの定義

スーパービジョンとは、自らの心理的支援業務の実践について、より経験のある心理職に相談し、助言、指導などを受ける学習機会のことをいいます。

スーパービジョンにおいて、助言、指導などを行う側の心理職を「スーパーバイザー」、助言、指導などを受ける側の心理職を「スーパーバイジー」と呼びます。

スーパービジョンに類似した検討の機会に「事例検討会」があります。「ケースカンファレンス」「ケース検討会」「事例研究会」などとも呼ばれています。これらは、事例提供者が自身の担当したケースについて報告し、出席者間で発言して検討していくものであり、心理実践の場で広く活用されています。とくに心理支援における最初の面接である「インテーク面接」の後に実施される「インテークカンファレンス」は、心理実践において大変重要な役割を果たしています。

スーパービジョンは、これらとは異なり、基本的には、スーパーバイザー一人に対して、スーパーバイジー一人または複数人が相談する形態をとり、事例検討会等よりもさらに個別的で濃密な検討がなされます。このうち後者の複数のスーパーバイジーによるスーパービジョンは、「グループ・スーパービジョン」とも呼ばれています。

（2）スーパービジョンの機能

スーパービジョンの機能には、主に次のようなものがあります。

○ケース理解に関する教育的機能

スーパーバイジーの担当ケースについて、ケースの見立て、面接の進め方、今後の方針などについて助言、指導などを受けること。

○心理的支援業務の技能に関する教育的機能

スーパーバイジーの心理的支援業務の実際について、スーパーバイジーが実演したり、スーパーバイザーに実演してもらったりしながら助言、指導などを受けること。

○スーパーバイジーの課題に対する教育的機能

　スーパーバイジーの不安を軽減させるなどの心理面のサポートを受けるとともに、必要な範囲内で、スーパーバイジー自身の心理的課題について助言などを受けること。

○スーパーバイジーに関する評価的機能

　スーパーバイザーがスーパーバイジーの評価を行う立場にある場合には、スーパーバイジーの技能等を適切に把握してもらい評価を受けること。

　以上のうち評価的機能については、必ずしも全てのスーパービジョンに当てはまるわけではありません。

　また、心理職には、スーパービジョンに関連して「教育分析」「訓練分析」といった教育方法があります。これらは、後で説明する特定の臨床心理学理論に基づいて集中的に実施されるものであり、スーパービジョンの機能の面で見ると、前述の個人の課題に対する教育的機能が強く打ち出されている教育機会となっています。これらは、スーパービジョンとは明確に区別されています。

（3）スーパービジョンの実際

　それでは、スーパービジョンはどのように行われているのでしょうか。

　スーパービジョンの実際については、スーパーバイザーによって大きく異なっており、たいへん多様であるという特徴があります。

　まずスーパービジョンの形態ですが、前述のとおり「個人スーパービジョン」と「グループ・スーパービジョン」とがあります。個人スーパービジョンの場合は、通常、面接時間と同じ50分間程度、個室で面接をしながら進められます。

　実施するタイミングとしては、面接やセッションの前後に実施、毎週1回などの定期に実施、課題や問題が認められた場合に随時に実施といったものがあります。

　また、実際の進め方も、スーパーバイザーによって大きく異なります。事前に逐語録を作成して、当日はスーパーバイジーの実際の面接の録画を視聴しな

がら助言、指導などを受けることもあれば、事前には何も用意せず、スーパーバイザーとのその場のやり取りを通じて助言、指導などを受けることもあります。

このようにスーパービジョンの形態は多様ですが、これが要支援者等に対するよりよい心理的支援業務の実践を目指すものであり、また、そのスーパーバイジーの心理職としての成長を促し、困難に直面した時のバーンアウトの予防などにつながる重要な教育機会であることには何ら変わりはありません。

心理職には、資格を取得して心理職として働き始めた初期に限ることなく、生涯にわたるスーパービジョンが大変重要となっているのです。

3　心理職として質の高い仕事をしていくために

これまで、心理職としての職責について説明してきました。

最後に、心理職として質の高い仕事をしていくために重要となる事項について検討しておきたいと思います。

（1）臨床心理学理論をどう学ぶか

心理職は心理学を用いて心理的支援業務に取り組みますが、その際に活用する心理学の理論的な体系のことを「臨床心理学」といいます。心理学の応用分野に位置付けられています。

心理職を目指して学び始めている皆さんが最初に戸惑うことは、この臨床心理学の理論がとても多様であり、どの理論を学び、どの技法を身に付ければよいのかよくわからないということではないでしょうか。

臨床心理学の歴史はそれほど長いものではありませんが、すでに多くの理論やそれを基盤とする心理実践の技術が林立しており、それぞれがいわゆる「学派」を形成しています。そして、学派の数はますます増え続けているのです。

このような学派について、臨床心理学としての学問的接近法（アプローチ）の観点から分類すると、大きく次の4つにまとめることができます。

○心理力動アプローチ

　人間には意識されない無意識という領域があり、そのメカニズムが様々な心の問題の原因となっていると考える心理力動理論に基づくアプローチ。典型的な学派には、精神分析、精神分析的心理療法、短期力動心理療法などがある。

○認知行動アプローチ

　人間の行動や認知を把握し制御することが心の問題への対応において重要となると考える認知行動理論に基づくアプローチ。典型的な学派には、行動療法、認知療法、認知行動療法などがある。

○人間性アプローチ

　人間には自己実現の能力が備わっており、その自然な発露を促すことが心の問題の解決につながると考えるアプローチ。典型的な学派には、来談者（クライエント）中心療法、人間性中心療法などがある。

○統合的アプローチ

　特定の学派に偏ることなく、要支援者等にとって有効な心理的支援業務を追究していこうとするアプローチ。上記の３つのアプローチを統合していることから、現代の多様な学派が含まれている。

　心理職になるためには、このような多様な心理支援の理論や技法をどう学んでいけばよいのでしょうか。

　この問題を考えるに当たっては、次のような点に留意する必要があります。

①学派が林立し、現時点で主流とされている学派は存在していないこと。

②心理職が働く職種はとても多く、各職種で心理職に期待される役割や機能はきわめて多様であること。

③心理支援の対象となる要支援者等の側も、抱えている問題の性質、心理支援に求める支援内容、周囲の環境等の社会的資源などが多様であり、一人として同じではないということ。このため、要支援者等の個々のニーズに個別具体的に応えていく必要があるということ。

　以上を踏まえると、心理職には、特定の学派だけを学ぶのではなく、まずは

第Ⅲ部　心理職として働きつづける

各アプローチの代表的な理論や技法などについてバランスよく漏れなく学んでいくことが求められていると考えられます。

そして、その中に自分に合っていると感じられる理論や技法が見つかったのであれば、それについて重点的に学びを深めていくとよいでしょう。

また、そうした理論に出会えなかったとしても問題はありません。できる限り多くの学派について学び、自分の引き出しの数を増やしておくことは、将来、心理職として働く上で必ず役に立つものと考えられます。

なお、このことは、心理支援の理論や技法を学ぶ際だけでなく、心理職が携わる心理支援の在り方そのものにおいても同様に考えられます。心理職は、自分が得意とする特定の学派の理論や技法に基づいて心理支援にあたるだけでは不十分であり、要支援者等の多様なニーズを的確に把握した上で、その要支援者に最も効果のある心理支援の技術を適用するよう努めることが、より効果的な心理支援につながっていくものと考えられます。

そのためにも、心理職には、多様な学派の理論や技法を学び、新しい知見などを積極的に身に付けていく努力を続けていくことが求められているのです。

（2）心理職の専門性（プロフェッショナリズム）とは何か

心理職は専門職とされていますが、心理職における専門性とは一体何でしょうか。

この問題については、近年、心理職の基盤コンピテンシーの一つである「プロフェッショナリズム」というテーマで検討されています。

プロフェッショナリズムについては、これまで医師、弁護士、聖職者などの専門職の在り方として議論されてきた歴史があり、最近、医師の教育の在り方をめぐって活発に議論されています。文部科学省の「医学教育モデル・コア・カリキュラム」（令和4年度改訂版）においては、医師のプロフェッショナリズムについて、次のように定義されています。

第13章　心理職として成長する

【医師のプロフェッショナリズム】

PR：プロフェッショナリズム（Professionalism）

　人の命に深く関わり健康を守るという医師の職責を十分に自覚し、多様性・人間性を尊重し、利他的な態度で診療にあたりながら、医師としての道を究めていく。

　心理職においては、その職務の特徴を踏まえて、プロフェッショナリズムについて、「人々の心の健康の保持増進に寄与するという心理職の職責を十分に自覚し、多様性・人間性を尊重し、利他的な態度で要支援者等に対する助言、指導その他の援助を行うこと」と定義しておきたいと思います。

　心理職がそのプロフェッショナリズムを発揮するためには、少なくとも次のような事項について心掛けていく必要があると考えられます。

①心理職の職責について十分に理解していること

　心理職の職責は、人々の心の健康の保持増進に寄与することにあります（第1章）。そして、そのために心理職として求められる事項については、本書の第Ⅱ部と第Ⅲ部で説明してきたとおりです。

　心理職が専門職としてプロフェッショナリズムを実現していくためには、その前提として、本書で取り上げているこれらの内容をよく理解し、実践できるようにしていくことが求められます。

②省察的実践に弛むことなく取り組み、心理職としてのコンピテンシーの向
　上に努めること

　心理職がその職責を果たすために必要な事項の中でも、省察的実践は最も重要な内容の一つです。

　心理職は、その職務の特殊性のゆえに、常に自分自身の実践を客観的に振り返り、他者からのフィードバックも含めて自らの限界を素直に認識しておく必要があります。そして、自らの課題の改善に取り組み、心理職としてのコンピ

第Ⅲ部　心理職として働きつづける

テンシーを少しでも向上させていくための学びを、生涯にわたって続けていくことになるのです。

　③人間の尊厳を何よりも尊重し、思いやりを持って要支援者等に接し、人々
　　から信頼されるために必要なことを常に考えて行動すること
　人を人として尊重し、その多様性を温かく受け入れ、誠実に思いやりを持って要支援者等に接することは、心理職に就いている一人の人間としての基本的な姿勢といえます。たとえ高度な心理学的な知識や技能を有していたとしても、その瞳の奥に他人に対する冷たい影が射し込んでいたのだとしたら、誰もその人に信頼を寄せることはないでしょう。
　心理職としての営みはきわめてヒューマニスティックなものであることを理解し、そのための実践に地道に取り組んでいくことが、プロフェッショナルな心理職にとって最も重要なことであると考えられます。

　なぜ自分は心理職を目指しているのだろう？
　第12章で自らに問いかけた質問とその答えをもう一度思い返してみましょう。心の問題に直面している人のために少しでも役に立ちたい、そうした自然で温かな思いとともに、冷静で穏やかな自己省察とが、心理職の専門性にとって何よりも重要な事柄ではないかと思われます。

引用文献

文部科学省（2022）．医学教育モデル・コア・カリキュラム（令和４年度改訂版）（https://www.mext.go.jp/content/20240220_mxt_igaku-000028108_01.pdf）（2024年11月１日閲覧）

Rønnestad, M. H., & Skovholt, T. M. (2003). The journey of the counselor and therapist: Research findings and perspectives on professional development. *Journal of Career Development*, **30**(1), 5-44.

参考文献

　本書の執筆にあたっては、各章において引用文献として示した文献のほか、以下の各文献などを参考としました。

平木典子・松本佳樹（編著）（2019）．公認心理師分野別テキスト⑤　産業・労働分野——理論と支援の展開　創元社

生島浩（編著）（2019）．公認心理師分野別テキスト④　司法・犯罪分野——理論と支援の展開　創元社

岩壁茂・遠藤利彦・黒木俊秀・中島義文・中村知靖・橋本和明・増沢高・村瀬嘉代子（編）（2023）．臨床心理学スタンダードテキスト　金剛出版

金沢吉展（2006）．臨床心理学の倫理をまなぶ　東京大学出版会

片岡玲子・米田弘枝（編著）（2019）．公認心理師分野別テキスト②　福祉分野——理論と支援の展開　創元社

増田健太郎（編著）（2019）．公認心理師分野別テキスト③　教育分野——理論と支援の展開　創元社

三輪健二（2023）．わかりやすい省察的実践——実践・学び・研究をつなぐために　医学書院

日本心理研修センター（監修）（2023）．公認心理師標準テキスト　金剛出版

野島一彦（編）（2023）．公認心理師の基礎と実践［第1巻］　公認心理師の職責　第2版　遠見書房

下山晴彦・慶野遥香（編著）（2020）．公認心理師スタンダードテキストシリーズ①　公認心理師の職責　ミネルヴァ書房

鈴木伸一（編集代表）（2018）．公認心理師養成のための保健・医療系実習ガイドブック　北大路書房

徳田智代・坂本憲治・隅谷理子（2021）．公認心理師のための協働の技術——教育と産業・労働分野における工夫　金子書房

津川律子・江口昌克（編著）（2019）．公認心理師分野別テキスト①　保健医療分野——理論と支援の展開　創元社

津川律子・花村温子（編）（2021）．保健医療分野の心理職のための対象別事例集——チーム

医療とケース・フォーミュレーション　福村出版

津川律子・元永拓郎（2021）．心理臨床における法・倫理・制度——関係行政論　放送大学
教育振興会

吉川眞理・平野直己（2020）．心理職の専門性——公認心理師の職責　放送大学教育振興会

〈白書・通知・報告書等〉

浜銀総合研究所（2023）．公認心理師の多様な活躍につながる人材育成の在り方に資する調
査（厚生労働省令和4年度障害者総合福祉推進事業成果物）（https://www.mhlw.go.jp/
content/12200000/001113619.pdf）（2025年12月22日閲覧）

法務省（2023）．令和5年版犯罪白書——非行少年と生育環境　日経印刷

公認心理師試験研修センター（2024）．令和7年版 公認心理師試験出題基準・ブループリン
ト（https://www.jccpp.or.jp/download/pdf/blue_print.pdf）（2024年12月31日閲覧）

厚生労働省（2024）．令和6年版厚生労働白書——こころの健康と向き合い、健やかに暮ら
すことのできる社会に　日経印刷

文部科学省（2022）．生徒指導提要　東洋館出版社

文部科学省（2024）．令和5年度 児童生徒の問題行動・不登校等生徒指導上の諸課題に関す
る調査結果について（https://www.mext.go.jp/content/20241031-mxt_jidou02-100002753_
1_2.pdf）（2024年12月22日閲覧）

文部科学省・厚生労働省（2017）．公認心理師法第7条第1号及び第2号に規定する公認心
理師となるために必要な科目の確認について（平成29年9月15日付け文部科学省初等
中等教育局長・厚生労働省社会・援護局障害保健福祉部長通知）（https://www.mhlw.
go.jp/content/000712061.pdf）（2024年12月22日閲覧）

文部科学省・厚生労働省（2018）．公認心理師法第42条第2項に係る主治の医師の指示に関
する運用基準について（平成30年1月31日付け文部科学省初等中等教育局長、厚生労働省
社会・援護局障害保健福祉部長通知）（https://www.mhlw.go.jp/content/12200000/000964676.
pdf）（2024年12月22日閲覧）

文部科学省・厚生労働省（2024）．公認心理師法附則第5条に基づく対応について（令和6年
7月）（https://www.mhlw.go.jp/content/12201000/001271107.pdf）（2024年12月22日
閲覧）

日本公認心理師協会（2022）．医療機関における公認心理師が行う心理支援の実態調査（厚
生労働省令和3年障害者総合福祉推進事業）（https://www.jacpp.or.jp/document/pdf/
pdf20220530/01_20220530.pdf）（2024年12月22日閲覧）

参考文献

日本公認心理師養成機関連盟（2022）．公認心理師の養成に向けた各分野の実習に関する調査報告書（厚生労働省令和3年度障害者総合福祉推進事業）(https://kouyouren.jp/wp-content/uploads/2022/05/Report20210401R.pdf)（2024年12月22日閲覧）

日本公認心理師養成機関連盟（2023）．コンピテンシー・モデルに基づく公認心理師養成カリキュラムの提言　公認心理師養成カリキュラム検討委員会報告書（https://kouyouren.jp/wp-content/uploads/2023/07/20230701.pdf)（2024年12月22日閲覧）

日本心理研修センター（現　公認心理師試験研修センター）（2024）．令和5年度公認心理師活動状況等調査報告書〔最終版〕（令和6（2024）年3月）（https://www.jccpp.or.jp/download/pdf/R5_konin_shinrishi_katsudo_joukyoutou_chosa_hokokusho_saisyu.pdf)（2024年12月22日閲覧）

索　引

あ　行

アセスメント　24
アドバンス・ケア・プログラム（ACP）　130
アドボカシー　112, 146
安心安全な場　103
医学教育モデル・コア・カリキュラム　166
生きる意味　5
医師の指示　129
医師法　29
いじめ　22
いじめ防止対策推進法　19
医療観察事件　54
医療スタッフ　30
医療法　29
医療保険制度　35
インターベンション（危機介入）　110
インフォームド・コンセント　112
エクソシステム　127
エビデンスベイスト・アプローチ　8
エンパワメント　128
親教育（ペアレントトレーニング）　39

か　行

カウンセリング　64, 83
科学者 − 実践者モデル（Scientist-Practitioner Model）　145
科学的知識と方法　143
学際的な考え方　144
学習指導要領　19
家事事件　54

家族との連携　131
課題早期発見対応　24
課題未然防止教育　24
課題予防的生徒指導　24
学校教育法　19
学校保健安全法　19
家庭裁判所　49, 57
家庭裁判所調査官　49
家庭内暴力　5
関係者支援（コンサルテーション）　84, 145
関係者等との連携等　95
関係者へのコンサルテーション　65
関係性　144
管理・運営　146
危害の防止　104
危機介入　107, 128
機能コンピテンシー　145
基盤コンピテンシー　143
義務違反に対する罰則　96
義務教育の段階における普通教育に相当する教育の機会の確保等に関する法律（教育機会確保法）　19
虐待への対応　110
キャリアパス　160
教育基本法　18
教育支援センター　19
教育相談所　19
教育との連携　131
教育分野　14, 18
業務独占　30, 86
業務独占資格　30

業務に関する記録の適切な保管 122

記録化の意義 121

記録の作成範囲 122

記録の保管 122

ケアプラン（自立支援計画） 39

刑事事件 54

刑事施設 57

欠格事由 97

研究と評価 145

健康情報等の取扱規程 65, 72

健康増進法 29

更生保護施設 57

更生保護法 54

公認心理師カリキュラム等検討会 82

公認心理師資格の取得ルート 87

公認心理師試験 89

公認心理師試験研修センター 87

公認心理師の会 98

公認心理師の定義 81

公認心理師法 77, 80

高齢者虐待の防止、高齢者の養護者に対する支援等に関する法律（高齢者虐待防止法） 42

高齢者の医療の確保に関する法律 29

国際的な子の奪取の民事上の側面に関する条約（ハーグ条約） 53

心の健康教育 84, 145

心の健康対策 71

個人識別符号 116

個人情報の保護 115

個人情報の保護に関する法律（個人情報保護法） 115

コミュニケーション力 136

コミュニティ・アプローチ 108

コミュニティ心理学 108, 126

コラボレーション 135

コンサルテーション 127, 135

困難課題対応的生徒指導 24

コンピテンシー・モデル 141

さ　行

サイコロジカル・ファーストエイド（PFA、心理的応急処置） 108

裁判機関 55

産業・労働との連携 133

産業・労働分野 65

支援者のメンタルヘルス 46

支援に関わる専門職と組織 129

事業場における労働者の健康保持増進のための指針（THP 指針） 66, 71

試験観察 52

試行的面会交流 52

自己研鑽 25

自己責任と自分の限界 137

自殺対策基本法 29

自殺予防 3, 22, 110

資質向上の責務 96

執行機関 55

実践家－研究者モデル（Practitioner-Scholar Model） 145

指定大学院 79

児童虐待 4, 43

児童虐待の防止等に関する法律（児童虐待防止法） 41

児童自立支援施設 57

児童心理司 44

児童心理治療施設 42

児童相談所 43

児童福祉法 41

児童養護施設 37

司法の場 61

司法・犯罪との連携 132

索 引

司法・犯罪分野　53
社会正義への視点　128
社会病理現象　3
従業員支援プログラム（EAP）　71
14 の成長テーマ　151
主治医の指示　34
守秘義務　72, 134
主要 5 分野　9
障害者基本法　41
障害者虐待の防止、障害者の養護者に対す
　る支援等に関する法律（障害者虐待防止
　法）　41
障害者の日常生活及び社会生活を総合的に
　支援するための法律（障害者総合支援法）
　41
障害を理由とする差別の解消の推進に関す
　る法律（障害者差別解消法）　41
常態的・先行的（プロアクティブ）生徒指
　導　24
少年院　57
少年鑑別所　50, 57
少年事件　54
少年非行　58
職業倫理の 7 原則　99
職場におけるハラスメント防止対策　70
職場のメンタルヘルス対策　68
職場復帰支援　64
心神喪失等の状態で重大な他害行為を行っ
　た者の医療及び観察等に関する法律（医
　療観察法）　29, 54
親密なパートナー間暴力（IPV）　44
信用失墜行為の禁止　94
心理アセスメント　28, 81, 145
心理カウンセラー　63
心理教育　17
心理検査　28

心理支援　8, 83, 145
心理支援の本質　148
心理職の義務　93
心理職のコンピテンシー　141
心理職の成長段階　151
心理職の成長テーマ　155
心理職の成長モデル　151
心理職の定義　6
心理職の役割と機能　11
心理職を目指そうとする動機　148
心理的支援業務　8
心理面接　28
診療の補助　34
診療報酬　35
心理力動アプローチ　165
心理力動理論　165
心理療法　28, 83
心理療法担当職員　37
スーパービジョン　146, 161
スクールカウンセラー　14
スクールカウンセリング　24
ストレスチェック　65
ストレスチェック実施者養成研修　65
ストレスチェック制度　69
生活困窮者自立支援法　42
生活の場での臨床　45
生活保護法　42
省察的実践　121, 143, 147
精神科デイケア　27
精神科病院　26
精神疾患　5, 69
精神疾患の診断分類・診断基準（ICD-10、
　DSM-5-TR）　34, 82
精神保健及び精神障害者福祉に関する法律
　（精神保健福祉法）　29
生態学的アプローチ　126

175

生態学的システム論　126
生徒指導提要　19
生物心理社会モデル（Bio Psycho Social model、
　BPS モデル）　125
セクシャルハラスメント　64，70
説明責任　113
専門家間の情報共有　120
専門職大学院　79
捜査機関　55
即応的・継続的（リアクティブ）生徒指導
　24

た　行

大学・大学院教育の特徴　90
多重関係　72，100，134
多職種連携　60，124，135，144
多様性と個別性　144
タラソフ事件　120
地域包括支援センター　43
地域保健法　29
地域連携　124，135
チーム医療　32
チーム学校　23
長期入院精神障害者の地域移行　32
治療構造　47
電子媒体の管理　123
統合的アプローチ　165
特別支援教育　22
ドメスティック・バイオレンス（DV）　5，
　44
トラウマインフォームドケア（TIC）　39，
　46，112
トラウマの三角形　46

な　行

二資格一法案　78

2 軸 3 類 4 層構造　24
日本公認心理師協会　98
日本公認心理師養成機関連盟　141
日本臨床心理士会　98
入院医療　32
人間性アプローチ　165
認知行動アプローチ　165
認知行動理論　165
ネットワーク作り　127

は　行

配偶者からの暴力の防止及び被害者の保護
　等に関する法律（DV 防止法）　42
配偶者暴力相談支援センター　43，120
働き方改革　68
発達支持的生徒指導　24
発達障害者支援法　41
ハラスメント　64
パワーハラスメント　64，70
犯罪　58
犯罪被害者等基本法　54
非行・犯罪のアセスメント　61
被災者への支援　134
秘密保持義務　95，118
秘密保持義務の例外　119
福祉との連携　131
福祉分野　40
不適切な養育　44
不登校　20
プライバシー保護　118
プリベンション（事前対応）　110
プロフェッショナリズム　143，166
法務技官（心理）　51
保管期間と廃棄方法　123
保健医療との連携　129
保健医療分野　29

保健師助産師看護師法（保助看法）　29
保護観察所　57
母子保健法　30
ポストベンション（事後対応）　111

ま　行

マイクロアグレッション　64
マイクロシステム　127
マクロシステム　127
民事事件　54
6つの成長段階　151
名称独占　86
名称独占資格　31
名称の使用制限　85
メゾシステム　127
面会交流　51, 58

や　行

薬理作用　34
要支援者等　8
要配慮個人情報　116
要保護児童対策地域協議会　112
予防的アプローチ　127

ら　行

リスクアセスメント　105
リスクの性質　105
リファー　109, 135
リマインダー　46
リワーク　72
臨床心理学理論　164
臨床心理技術者　35
臨床心理士　78
倫理　98
倫理規定　98
倫理的ジレンマ　99
倫理・法的基準と政策　144
老人福祉法　41
労働安全衛生法（安衛法）　66
労働基準法　66
労働施策の総合的な推進並びに労働者の雇
　　用の安定及び職業生活の充実等に関する
　　法律（労働施策総合推進法）　66
労働者の心の健康の保持増進のための指針
　　（メンタルヘルス指針）　66, 71

おわりに

　世界に目を向けると、いまも各地で争いが絶えず、多くの命が失われています。そうした被害者の多くは、罪のない子どもたちです。

　もしも一人でも多くの指導者たちが、私たち心理職がこれまで培ってきた相互理解と自己成長への信頼に基づく人間理解の視点を学んでいたとしたら、一人でも多くの尊い命が、無為に失われることなく救われたかもしれません。心理職の日々の営みや大切にしている理念は、社会正義が揺らぎつつある現代社会において、その重要性をますます高めていくものと確信しています。

　本書では、そうした心理職にとって大切な事がらをできる限りわかりやすく説明することに努めました。これから心理職を目指そうとする、あるいは心理職についてもっと知りたいという多くの方々に、心理職に関する正しい知識を届けることができたのであれば幸いです。

　なお、本書の内容はすべて、参考とした文献をはじめとして、これまで導いてくださった恩師、職場や大学の皆さま、要支援者等の方々などから学ばせていただいた貴重な教えに基づいています。また、出版にあたっては、創元社の吉岡昌俊様に多大なお世話になりました。この場をお借りして、心よりお礼申し上げます。

　心の問題に苦しみ立ちすくんでしまっている人々にとって、本書が少しでも役立つことを願っています。

　　2025 年 2 月

　　　　　　　　　　　　　　　　　　　　　　　　　藤川　　浩

【巻末資料１】

公認心理師法（平成二十七年法律第六十八号）

第一章　総則

（目的）

第一条　この法律は、公認心理師の資格を定めて、その業務の適正を図り、もって国民の心の健康の保持増進に寄与することを目的とする。

（定義）

第二条　この法律において「公認心理師」とは、第二十八条の登録を受け、公認心理師の名称を用いて、保健医療、福祉、教育その他の分野において、心理学に関する専門的知識及び技術をもって、次に掲げる行為を行うことを業とする者をいう。

一　心理に関する支援を要する者の心理状態を観察し、その結果を分析すること。

二　心理に関する支援を要する者に対し、その心理に関する相談に応じ、助言、指導その他の援助を行うこと。

三　心理に関する支援を要する者の関係者に対し、その相談に応じ、助言、指導その他の援助を行うこと。

四　心の健康に関する知識の普及を図るための教育及び情報の提供を行うこと。

（欠格事由）

第三条　次の各号のいずれかに該当する者は、公認心理師となることができない。

一　心身の故障により公認心理師の業務を適正に行うことができない者として文部科学省令・厚生労働省令で定めるもの

二　禁錮以上の刑に処せられ、その執行を終わり、又は執行を受けることがなくなった日から起算して二年を経過しない者

三　この法律の規定その他保健医療、福祉又は教育に関する法律の規定であって政令で定めるものにより、罰金の刑に処せられ、その執行を終わり、又は執行を受けることがなくなった日から起算して二年を経過しない者

四　第三十二条第一項第二号又は第二項の規定により登録を取り消され、その取消しの日から起算して二年を経過しない者

第二章　試験

（資格）

第四条　公認心理師試験（以下「試験」という。）に合格した者は、公認心理師となる資格を有する。

（試験）

第五条　試験は、公認心理師として必要な知識及び技能について行う。

（試験の実施）

第六条　試験は、毎年一回以上、文部科学大臣及び厚生労働大臣が行う。

（受験資格）

第七条　試験は、次の各号のいずれかに該当する者でなければ、受けることができない。

　一　学校教育法（昭和二十二年法律第二十六号）に基づく大学（短期大学を除く。以下同じ。）において心理学その他の公認心理師となるために必要な科目として文部科学省令・厚生労働省令で定めるものを修めて卒業し、かつ、同法に基づく大学院において心理学その他の公認心理師となるために必要な科目として文部科学省令・厚生労働省令で定めるものを修めてその課程を修了した者その他その者に準ずるものとして文部科学省令・厚生労働省令で定める者

　二　学校教育法に基づく大学において心理学その他の公認心理師となるために必要な科目として文部科学省令・厚生労働省令で定めるものを修めて卒業した者その他その者に準ずるものとして文部科学省令・厚生労働省令で定める者であって、文部科学省令・厚生労働省令で定める施設において文部科学省令・厚生労働省令で定める期間以上第二条第一号から第三号までに掲げる行為の業務に従事したもの

　三　文部科学大臣及び厚生労働大臣が前二号に掲げる者と同等以上の知識及び技能を有すると認定した者

（試験の無効等）

第八条　文部科学大臣及び厚生労働大臣は、試験に関して不正の行為があった場合には、その不正行為に関係のある者に対しては、その受験を停止させ、又はその試験を無効とすることができる。

2　文部科学大臣及び厚生労働大臣は、前項の規定による処分を受けた者に対し、期間を定めて試験を受けることができないものとすることができる。

（受験手数料）

第九条　試験を受けようとする者は、実費を勘案して政令で定める額の受験手数料を国に納付しなければならない。

2　前項の受験手数料は、これを納付した者が試験を受けない場合においても、返還しない。

（指定試験機関の指定）

巻末資料

第十条　文部科学大臣及び厚生労働大臣は、文部科学省令・厚生労働省令で定めるところにより、その指定する者（以下「指定試験機関」という。）に、試験の実施に関する事務（以下「試験事務」という。）を行わせることができる。

2　指定試験機関の指定は、文部科学省令・厚生労働省令で定めるところにより、試験事務を行おうとする者の申請により行う。

3　文部科学大臣及び厚生労働大臣は、前項の申請が次の要件を満たしていると認めるときでなければ、指定試験機関の指定をしてはならない。

　一　職員、設備、試験事務の実施の方法その他の事項についての試験事務の実施に関する計画が、試験事務の適正かつ確実な実施のために適切なものであること。

　二　前号の試験事務の実施に関する計画の適正かつ確実な実施に必要な経理的及び技術的な基礎を有するものであること。

4　文部科学大臣及び厚生労働大臣は、第二項の申請が次のいずれかに該当するときは、指定試験機関の指定をしてはならない。

　一　申請者が、一般社団法人又は一般財団法人以外の者であること。

　二　申請者がその行う試験事務以外の業務により試験事務を公正に実施することができないおそれがあること。

　三　申請者が、第二十二条の規定により指定を取り消され、その取消しの日から起算して二年を経過しない者であること。

　四　申請者の役員のうちに、次のいずれかに該当する者があること。

　　イ　この法律に違反して、刑に処せられ、その執行を終わり、又は執行を受けることがなくなった日から起算して二年を経過しない者

　　ロ　次条第二項の規定による命令により解任され、その解任の日から起算して二年を経過しない者

（指定試験機関の役員の選任及び解任）

第十一条　指定試験機関の役員の選任及び解任は、文部科学大臣及び厚生労働大臣の認可を受けなければ、その効力を生じない。

2　文部科学大臣及び厚生労働大臣は、指定試験機関の役員が、この法律（この法律に基づく命令又は処分を含む。）若しくは第十三条第一項に規定する試験事務規程に違反する行為をしたとき又は試験事務に関し著しく不適当な行為をしたときは、指定試験機関に対し、当該役員の解任を命ずることができる。

（事業計画の認可等）

第十二条　指定試験機関は、毎事業年度、事業計画及び収支予算を作成し、当該事業年度の

開始前に（指定を受けた日の属する事業年度にあっては、その指定を受けた後遅滞なく）、文部科学大臣及び厚生労働大臣の認可を受けなければならない。これを変更しようとするときも、同様とする。

2　指定試験機関は、毎事業年度の経過後三月以内に、その事業年度の事業報告書及び収支決算書を作成し、文部科学大臣及び厚生労働大臣に提出しなければならない。

（試験事務規程）

第十三条　指定試験機関は、試験事務の開始前に、試験事務の実施に関する規程（以下この章において「試験事務規程」という。）を定め、文部科学大臣及び厚生労働大臣の認可を受けなければならない。これを変更しようとするときも、同様とする。

2　試験事務規程で定めるべき事項は、文部科学省令・厚生労働省令で定める。

3　文部科学大臣及び厚生労働大臣は、第一項の認可をした試験事務規程が試験事務の適正かつ確実な実施上不適当となったと認めるときは、指定試験機関に対し、これを変更すべきことを命ずることができる。

（公認心理師試験委員）

第十四条　指定試験機関は、試験事務を行う場合において、公認心理師として必要な知識及び技能を有するかどうかの判定に関する事務については、公認心理師試験委員（以下この章において「試験委員」という。）に行わせなければならない。

2　指定試験機関は、試験委員を選任しようとするときは、文部科学省令・厚生労働省令で定める要件を備える者のうちから選任しなければならない。

3　指定試験機関は、試験委員を選任したときは、文部科学省令・厚生労働省令で定めるところにより、文部科学大臣及び厚生労働大臣にその旨を届け出なければならない。試験委員に変更があったときも、同様とする。

4　第十一条第二項の規定は、試験委員の解任について準用する。

（規定の適用等）

第十五条　指定試験機関が試験事務を行う場合における第八条第一項及び第九条第一項の規定の適用については、第八条第一項中「文部科学大臣及び厚生労働大臣」とあり、及び第九条第一項中「国」とあるのは、「指定試験機関」とする。

2　前項の規定により読み替えて適用する第九条第一項の規定により指定試験機関に納められた受験手数料は、指定試験機関の収入とする。

（秘密保持義務等）

第十六条　指定試験機関の役員若しくは職員（試験委員を含む。次項において同じ。）又はこれらの職にあった者は、試験事務に関して知り得た秘密を漏らしてはならない。

2 　試験事務に従事する指定試験機関の役員又は職員は、刑法（明治四十年法律第四十五号）その他の罰則の適用については、法令により公務に従事する職員とみなす。

（帳簿の備付け等）

第十七条　指定試験機関は、文部科学省令・厚生労働省令で定めるところにより、試験事務に関する事項で文部科学省令・厚生労働省令で定めるものを記載した帳簿を備え、これを保存しなければならない。

（監督命令）

第十八条　文部科学大臣及び厚生労働大臣は、この法律を施行するため必要があると認めるときは、指定試験機関に対し、試験事務に関し監督上必要な命令をすることができる。

（報告）

第十九条　文部科学大臣及び厚生労働大臣は、この法律を施行するため必要があると認めるときは、その必要な限度で、文部科学省令・厚生労働省令で定めるところにより、指定試験機関に対し、報告をさせることができる。

（立入検査）

第二十条　文部科学大臣及び厚生労働大臣は、この法律を施行するため必要があると認めるときは、その必要な限度で、その職員に、指定試験機関の事務所に立ち入り、指定試験機関の帳簿、書類その他必要な物件を検査させ、又は関係者に質問させることができる。

2 　前項の規定により立入検査を行う職員は、その身分を示す証明書を携帯し、かつ、関係者の請求があるときは、これを提示しなければならない。

3 　第一項に規定する権限は、犯罪捜査のために認められたものと解釈してはならない。

（試験事務の休廃止）

第二十一条　指定試験機関は、文部科学大臣及び厚生労働大臣の許可を受けなければ、試験事務の全部又は一部を休止し、又は廃止してはならない。

（指定の取消し等）

第二十二条　文部科学大臣及び厚生労働大臣は、指定試験機関が第十条第四項各号（第三号を除く。）のいずれかに該当するに至ったときは、その指定を取り消さなければならない。

2 　文部科学大臣及び厚生労働大臣は、指定試験機関が次の各号のいずれかに該当するに至ったときは、その指定を取り消し、又は期間を定めて試験事務の全部若しくは一部の停止を命ずることができる。

一　第十条第三項各号の要件を満たさなくなったと認められるとき。

二　第十一条第二項（第十四条第四項において準用する場合を含む。）、第十三条第三項又は第十八条の規定による命令に違反したとき。

三　第十二条、第十四条第一項から第三項まで又は前条の規定に違反したとき。

四　第十三条第一項の認可を受けた試験事務規程によらないで試験事務を行ったとき。

五　次条第一項の条件に違反したとき。

（指定等の条件）

第二十三条　第十条第一項、第十一条第一項、第十二条第一項、第十三条第一項又は第二十一条の規定による指定、認可又は許可には、条件を付し、及びこれを変更することができる。

2　前項の条件は、当該指定、認可又は許可に係る事項の確実な実施を図るため必要な最小限度のものに限り、かつ、当該指定、認可又は許可を受ける者に不当な義務を課することとなるものであってはならない。

（指定試験機関がした処分等に係る審査請求）

第二十四条　指定試験機関が行う試験事務に係る処分又はその不作為について不服がある者は、文部科学大臣及び厚生労働大臣に対し、審査請求をすることができる。この場合において、文部科学大臣及び厚生労働大臣は、行政不服審査法（平成二十六年法律第六十八号）第二十五条第二項及び第三項、第四十六条第一項及び第二項、第四十七条並びに第四十九条第三項の規定の適用については、指定試験機関の上級行政庁とみなす。

（文部科学大臣及び厚生労働大臣による試験事務の実施等）

第二十五条　文部科学大臣及び厚生労働大臣は、指定試験機関の指定をしたときは、試験事務を行わないものとする。

2　文部科学大臣及び厚生労働大臣は、指定試験機関が第二十一条の規定による許可を受けて試験事務の全部若しくは一部を休止したとき、第二十二条第二項の規定により指定試験機関に対し試験事務の全部若しくは一部の停止を命じたとき又は指定試験機関が天災その他の事由により試験事務の全部若しくは一部を実施することが困難となった場合において必要があると認めるときは、試験事務の全部又は一部を自ら行うものとする。

（公示）

第二十六条　文部科学大臣及び厚生労働大臣は、次の場合には、その旨を官報に公示しなければならない。

一　第十条第一項の規定による指定をしたとき。

二　第二十一条の規定による許可をしたとき。

三　第二十二条の規定により指定を取り消し、又は試験事務の全部若しくは一部の停止を命じたとき。

四　前条第二項の規定により試験事務の全部若しくは一部を自ら行うこととするとき又は

巻末資料

自ら行っていた試験事務の全部若しくは一部を行わないこととするとき。

（試験の細目等）

第二十七条　この章に規定するもののほか、試験、指定試験機関その他この章の規定の施行に関し必要な事項は、文部科学省令・厚生労働省令で定める。

　　　　　第三章　登録

（登録）

第二十八条　公認心理師となる資格を有する者が公認心理師となるには、公認心理師登録簿に、氏名、生年月日その他文部科学省令・厚生労働省令で定める事項の登録を受けなければならない。

（公認心理師登録簿）

第二十九条　公認心理師登録簿は、文部科学省及び厚生労働省に、それぞれ備える。

（公認心理師登録証）

第三十条　文部科学大臣及び厚生労働大臣は、公認心理師の登録をしたときは、申請者に第二十八条に規定する事項を記載した公認心理師登録証（以下この章において「登録証」という。）を交付する。

（登録事項の変更の届出等）

第三十一条　公認心理師は、登録を受けた事項に変更があったときは、遅滞なく、その旨を文部科学大臣及び厚生労働大臣に届け出なければならない。

2　文部科学大臣及び厚生労働大臣は、前項の規定による届出を受理したときは、その届出があった事項を公認心理師登録簿に登録するとともに、当該届出をした公認心理師に対し、登録の変更を証する書類を交付するものとする。

3　前項の規定による交付は、第一項の規定による届出が電子署名等に係る地方公共団体情報システム機構の認証業務に関する法律（平成十四年法律第百五十三号）第二十二条第一項に規定する利用者証明用電子証明書を送信する方法により行われた場合は、電子情報処理組織を使用する方法その他の情報通信の技術を利用する方法により行うものとする。

（登録の取消し等）

第三十二条　文部科学大臣及び厚生労働大臣は、公認心理師が次の各号のいずれかに該当する場合には、その登録を取り消さなければならない。

　一　第三条各号（第四号を除く。）のいずれかに該当するに至った場合

　二　虚偽又は不正の事実に基づいて登録を受けた場合

2　文部科学大臣及び厚生労働大臣は、公認心理師が第四十条、第四十一条又は第四十二条第二項の規定に違反したときは、その登録を取り消し、又は期間を定めて公認心理師の名

187

称及びその名称中における心理師という文字の使用の停止を命ずることができる。

（登録の消除）

第三十三条　文部科学大臣及び厚生労働大臣は、公認心理師の登録がその効力を失ったときは、その登録を消除しなければならない。

（情報の提供）

第三十四条　文部科学大臣及び厚生労働大臣は、公認心理師の登録に関し、相互に必要な情報の提供を行うものとする。

（登録証の書換交付等の手数料）

第三十五条　登録証の書換交付又は再交付を受けようとする者は、実費を勘案して政令で定める額の手数料を国に納付しなければならない。

（指定登録機関の指定等）

第三十六条　文部科学大臣及び厚生労働大臣は、文部科学省令・厚生労働省令で定めるところにより、その指定する者（以下「指定登録機関」という。）に、公認心理師の登録の実施に関する事務（以下「登録事務」という。）を行わせることができる。

2　指定登録機関の指定は、文部科学省令・厚生労働省令で定めるところにより、登録事務を行おうとする者の申請により行う。

第三十七条　指定登録機関が登録事務を行う場合における第二十九条、第三十条、第三十一条第一項及び第二項、第三十三条並びに第三十五条の規定の適用については、第二十九条中「文部科学省及び厚生労働省に、それぞれ」とあるのは「指定登録機関に」と、第三十条、第三十一条第一項及び第二項並びに第三十三条中「文部科学大臣及び厚生労働大臣」とあり、並びに第三十五条中「国」とあるのは「指定登録機関」とする。

2　指定登録機関が登録（変更の登録を含む。）を行う場合において、当該登録を受けようとする者は、実費を勘案して政令で定める額の手数料を指定登録機関に納付しなければならない。

3　第一項の規定により読み替えて適用する第三十五条及び前項の規定により指定登録機関に納められた手数料は、指定登録機関の収入とする。

（準用）

第三十八条　第十条第三項及び第四項、第十一条から第十三条まで並びに第十六条から第二十六条までの規定は、指定登録機関について準用する。この場合において、これらの規定中「試験事務」とあるのは「登録事務」と、「試験事務規程」とあるのは「登録事務規程」と、第十条第三項中「前項の申請」とあり、及び同条第四項中「第二項の申請」とあるのは「第三十六条第二項の申請」と、第十六条第一項中「職員（試験委員を含む。次項にお

いて同じ。)」とあるのは「職員」と、第二十二条第二項第二号中「第十一条第二項（第
十四条第四項において準用する場合を含む。)」とあるのは「第十一条第二項」と、同項第
三号中「、第十四条第一項から第三項まで又は前条」とあるのは「又は前条」と、第
二十三条第一項及び第二十六条第一号中「第十条第一項」とあるのは「第三十六条第一項」
と読み替えるものとする。

（文部科学省令・厚生労働省令への委任）

第三十九条　この章に規定するもののほか、公認心理師の登録、指定登録機関その他この章
の規定の施行に関し必要な事項は、文部科学省令・厚生労働省令で定める。

第四章　義務等

（信用失墜行為の禁止）

第四十条　公認心理師は、公認心理師の信用を傷つけるような行為をしてはならない。

（秘密保持義務）

第四十一条　公認心理師は、正当な理由がなく、その業務に関して知り得た人の秘密を漏ら
してはならない。公認心理師でなくなった後においても、同様とする。

（連携等）

第四十二条　公認心理師は、その業務を行うに当たっては、その担当する者に対し、保健医
療、福祉、教育等が密接な連携の下で総合的かつ適切に提供されるよう、これらを提供す
る者その他の関係者等との連携を保たなければならない。

2　公認心理師は、その業務を行うに当たって心理に関する支援を要する者に当該支援に係
る主治の医師があるときは、その指示を受けなければならない。

（資質向上の責務）

第四十三条　公認心理師は、国民の心の健康を取り巻く環境の変化による業務の内容の変化
に適応するため、第二条各号に掲げる行為に関する知識及び技能の向上に努めなければな
らない。

（名称の使用制限）

第四十四条　公認心理師でない者は、公認心理師という名称を使用してはならない。

2　前項に規定するもののほか、公認心理師でない者は、その名称中に心理師という文字を
用いてはならない。

（経過措置等）

第四十五条　この法律の規定に基づき命令を制定し、又は改廃する場合においては、その命
令で、その制定又は改廃に伴い合理的に必要と判断される範囲内において、所要の経過措
置（罰則に関する経過措置を含む。）を定めることができる。

2　この法律に規定するもののほか、この法律の施行に関し必要な事項は、文部科学省令・厚生労働省令で定める。

　　　第五章　罰則

第四十六条　第四十一条の規定に違反した者は、一年以下の懲役又は三十万円以下の罰金に処する。

2　前項の罪は、告訴がなければ公訴を提起することができない。

第四十七条　第十六条第一項（第三十八条において準用する場合を含む。）の規定に違反した者は、一年以下の懲役又は三十万円以下の罰金に処する。

第四十八条　第二十二条第二項（第三十八条において準用する場合を含む。）の規定による試験事務又は登録事務の停止の命令に違反したときは、その違反行為をした指定試験機関又は指定登録機関の役員又は職員は、一年以下の懲役又は三十万円以下の罰金に処する。

第四十九条　次の各号のいずれかに該当する者は、三十万円以下の罰金に処する。

　一　第三十二条第二項の規定により公認心理師の名称及びその名称中における心理師という文字の使用の停止を命ぜられた者で、当該停止を命ぜられた期間中に、公認心理師の名称を使用し、又はその名称中に心理師という文字を用いたもの

　二　第四十四条第一項又は第二項の規定に違反した者

第五十条　次の各号のいずれかに該当するときは、その違反行為をした指定試験機関又は指定登録機関の役員又は職員は、二十万円以下の罰金に処する。

　一　第十七条（第三十八条において準用する場合を含む。）の規定に違反して帳簿を備えず、帳簿に記載せず、若しくは帳簿に虚偽の記載をし、又は帳簿を保存しなかったとき。

　二　第十九条（第三十八条において準用する場合を含む。）の規定による報告をせず、又は虚偽の報告をしたとき。

　三　第二十条第一項（第三十八条において準用する場合を含む。）の規定による立入り若しくは検査を拒み、妨げ、若しくは忌避し、又は質問に対して陳述をせず、若しくは虚偽の陳述をしたとき。

　四　第二十一条（第三十八条において準用する場合を含む。）の許可を受けないで試験事務又は登録事務の全部を廃止したとき。

　附　則　抄

（施行期日）

第一条　この法律は、公布の日から起算して二年を超えない範囲内において政令で定める日から施行する。ただし、第十条から第十四条まで、第十六条、第十八条から第二十三条ま

巻末資料

で及び第二十五条から第二十七条までの規定並びに第四十七条、第四十八条及び第五十条
（第一号を除く。）の規定（指定試験機関に係る部分に限る。）並びに附則第八条から第
十一条までの規定は、公布の日から起算して六月を超えない範囲内において政令で定める
日から施行する。

（受験資格の特例）
第二条　次の各号のいずれかに該当する者は、第七条の規定にかかわらず、試験を受けるこ
とができる。

一　この法律の施行の日（以下この項及び附則第六条において「施行日」という。）前に
学校教育法に基づく大学院の課程を修了した者であって、当該大学院において心理学そ
の他の公認心理師となるために必要な科目として文部科学省令・厚生労働省令で定める
ものを修めたもの

二　施行日前に学校教育法に基づく大学院に入学した者であって、施行日以後に心理学そ
の他の公認心理師となるために必要な科目として文部科学省令・厚生労働省令で定める
ものを修めて当該大学院の課程を修了したもの

三　施行日前に学校教育法に基づく大学に入学し、かつ、心理学その他の公認心理師とな
るために必要な科目として文部科学省令・厚生労働省令で定めるものを修めて卒業した
者その他その者に準ずるものとして文部科学省令・厚生労働省令で定める者であって、
施行日以後に同法に基づく大学院において第七条第一号の文部科学省令・厚生労働省令
で定める科目を修めてその課程を修了したもの

四　施行日前に学校教育法に基づく大学に入学し、かつ、心理学その他の公認心理師とな
るために必要な科目として文部科学省令・厚生労働省令で定めるものを修めて卒業した
者その他その者に準ずるものとして文部科学省令・厚生労働省令で定める者であって、
第七条第二号の文部科学省令・厚生労働省令で定める施設において同号の文部科学省
令・厚生労働省令で定める期間以上第二条第一号から第三号までに掲げる行為の業務に
従事したもの

2　この法律の施行の際現に第二条第一号から第三号までに掲げる行為を業として行ってい
る者その他その者に準ずるものとして文部科学省令・厚生労働省令で定める者であって、
次の各号のいずれにも該当するに至ったものは、この法律の施行後五年間は、第七条の規
定にかかわらず、試験を受けることができる。

一　文部科学大臣及び厚生労働大臣が指定した講習会の課程を修了した者

二　文部科学省令・厚生労働省令で定める施設において、第二条第一号から第三号までに
掲げる行為を五年以上業として行った者

3　前項に規定する者に対する試験は、文部科学省令・厚生労働省令で定めるところにより、その科目の一部を免除することができる。

（受験資格に関する配慮）

第三条　文部科学大臣及び厚生労働大臣は、試験の受験資格に関する第七条第二号の文部科学省令・厚生労働省令を定め、及び同条第三号の認定を行うに当たっては、同条第二号又は第三号に掲げる者が同条第一号に掲げる者と同等以上に臨床心理学を含む心理学その他の科目に関する専門的な知識及び技能を有することとなるよう、同条第二号の文部科学省令・厚生労働省令で定める期間を相当の期間とすることその他の必要な配慮をしなければならない。

（名称の使用制限に関する経過措置）

第四条　この法律の施行の際現に公認心理師という名称を使用している者又はその名称中に心理師の文字を用いている者については、第四十四条第一項又は第二項の規定は、この法律の施行後六月間は、適用しない。

（検討）

第五条　政府は、この法律の施行後五年を経過した場合において、この法律の規定の施行の状況について検討を加え、その結果に基づいて必要な措置を講ずるものとする。

（試験の実施に関する特例）

第六条　第六条の規定にかかわらず、施行日の属する年においては、試験を行わないことができる。

【巻末資料２】

公認心理師法第 42 条第 2 項に係る主治の医師の指示に関する運用基準

公認心理師法第 42 条第 2 項に係る主治の医師の指示に関する運用基準について（平成 30 年 1 月 31 日付け文部科学省初等中等教育局長、厚生労働省社会・援護局障害保健福祉部長通知）別添

1．本運用基準の趣旨

　　公認心理師法（平成 27 年法律第 68 号。以下「法」という。）においては、「公認心理師は、その業務を行うに当たっては、その担当する者に対し、保健医療、福祉、教育等が密接な連携の下で総合的かつ適切に提供されるよう、これらを提供する者その他の関係者等

との連携を保たなければならない」(法第42条第1項)とされているほか、「心理に関する支援を要する者に当該支援に係る主治の医師があるときは、その指示を受けなければならない」(同条第2項)とされている。

本運用基準は、公認心理師が法第2条各号に定める行為(以下「支援行為」という。)を行うに当たり、心理に関する支援を要する者(以下「要支援者」という。)に、法第42条第2項の心理に関する支援に係る主治の医師(以下単に「主治の医師」という。)がある場合に、その指示を受ける義務を規定する法第42条第2項の運用について、公認心理師の専門性や自立性を損なうことのないようにすることで、公認心理師の業務が円滑に行われるようにする観点から定めるものである。

2. 基本的な考え方

公認心理師は、その業務を行うに当たって要支援者に主治の医師があるときは、その指示を受けなければならないこととされている(法第42条第2項)。

これは、公認心理師が行う支援行為は、診療の補助を含む医行為には当たらないが、例えば、公認心理師の意図によるものかどうかにかかわらず、当該公認心理師が要支援者に対して、主治の医師の治療方針とは異なる支援行為を行うこと等によって、結果として要支援者の状態に効果的な改善が図られない可能性があることに鑑み、要支援者に主治の医師がある場合に、その治療方針と公認心理師の支援行為の内容との離齬を避けるために設けられた規定である。

もとより、公認心理師は、要支援者の状況の正確な把握に努めているものであるが、特に要支援者に主治の医師がある場合には、要支援者の状況に関する情報等を当該主治の医師に提供する等により、公認心理師が主治の医師と密接に連携しながら、主治の医師の指示を受けて支援行為を行うことで、当該要支援者の状態の更なる改善につながることが期待される。

なお、これまでも、心理に関する支援が行われる際には、当該支援を行う者が要支援者の主治の医師の指示を受ける等、広く関係者が連携を保ちながら、要支援者に必要な支援が行われており、本運用基準は、従前より行われている心理に関する支援の在り方を大きく変えることを想定したものではない。

3. 主治の医師の有無の確認に関する事項

公認心理師は、把握された要支援者の状況から、要支援者に主治の医師があることが合理的に推測される場合には、その有無を確認するものとする。

主治の医師の有無の確認をするかどうかの判断については、当該要支援者に主治の医師が存在した場合に、結果として要支援者が不利益を受けることのないよう十分に注意を払い、例えば、支援行為を行う過程で、主治の医師があることが合理的に推測されるに至った場合には、その段階でその有無を確認することが必要である。

　主治の医師に該当するかどうかについては、要支援者の意向も踏まえつつ、一義的には公認心理師が判断するものとする。具体的には、当該公認心理師への相談事項と同様の内容について相談している医師の有無を確認することにより判断する方法が考えられる。なお、そのような医師が複数存在することが判明した場合には、受診頻度や今後の受診予定等を要支援者に確認して判断することが望ましい。また、要支援者に、心理に関する支援に直接関わらない傷病に係る主治医がいる場合に、当該主治医を主治の医師に当たらないと判断することは差し支えない。

　また、主治の医師の有無の確認は、原則として要支援者本人に直接行うものとする。要支援者本人に対する確認が難しい場合には、要支援者本人の状態や状況を踏まえ、その家族等に主治の医師の有無を確認することも考えられる。いずれの場合においても、要支援者の心情を踏まえた慎重な対応が必要である。

４．主治の医師からの指示への対応に関する事項
（１）主治の医師からの指示の趣旨
　　　主治の医師からの指示は、公認心理師が、主治の医師の治療方針とは異なる支援行為を行うこと等によって要支援者の状態に効果的な改善が図られないこと等を防ぐため、主治の医師と公認心理師が連携して要支援者の支援に当たることを目的とするものである。

　　　主治の医師からの指示は、医師の掌る医療及び保健指導の観点から行われるものであり、公認心理師は、合理的な理由がある場合を除き、主治の医師の指示を尊重するものとする。

　　　具体的に想定される主治の医師からの指示の内容の例は、以下のとおりである。
・要支援者の病態、治療内容及び治療方針について
・支援行為に当たっての留意点について
・直ちに主治の医師への連絡が必要となる状況について　等
（２）主治の医師からの指示を受ける方法
　　　公認心理師と主治の医師が、同一の医療機関において業務を行っている場合、主治の医師の治療方針と公認心理師の支援行為とが一体となって対応することが必要である。

このため、公認心理師は、当該医療機関における連携方法により、主治の医師の指示を受け、支援行為を行うものとする。

　公認心理師と主治の医師の勤務先が同一の医療機関ではない場合であって、要支援者に主治の医師があることが確認できた場合は、公認心理師は要支援者の安全を確保する観点から、当該要支援者の状況に関する情報等を当該主治の医師に提供する等、当該主治の医師と密接な連携を保ち、その指示を受けるものとする。

　その際、公認心理師は、要支援者に対し、当該主治の医師による診療の情報や必要な支援の内容についての指示を文書で提供してもらうよう依頼することが望ましい。

　また、公認心理師が、主治の医師に直接連絡を取る際は、要支援者本人（要支援者が未成年等の場合はその家族等）の同意を得た上で行うものとする。

（3）指示への対応について

　公認心理師が、心理に関する知識を踏まえた専門性に基づき、主治の医師の治療方針とは異なる支援行為を行った場合、合理的な理由がある場合は、直ちに法第42条第2項に違反となるものではない。ただし、この場合においても、当該主治の医師と十分な連携を保ち、要支援者の状態が悪化することのないよう配慮することとする。

　なお、公認心理師が主治の医師の指示と異なる方針に基づき支援行為を行った場合は、当該支援行為に関する説明責任は当該公認心理師が負うものであることに留意することとする。

　公認心理師が主治の医師から指示を受ける方法は、（2）に示すとおり、公認心理師と主治の医師との関係等に応じて適切なものである必要があるが、指示の内容には要支援者の個人情報が含まれることに十分注意して指示を受けることとする。

　公認心理師は、主治の医師より指示を受けた場合は、その日時、内容及び次回指示の要否について記録するものとする。

　公認心理師が所属する機関の長が、要支援者に対する支援の内容について、要支援者の主治の医師の指示と異なる見解を示した場合、それぞれの見解の意図をよく確認し、要支援者の状態の改善に向けて、関係者が連携して支援に当たることができるよう留意することとする。

（4）主治の医師からの指示を受けなくてもよい場合

　以下のような場合においては、主治の医師からの指示を受ける必要はない。

・心理に関する支援とは異なる相談、助言、指導その他の援助を行う場合

・心の健康についての一般的な知識の提供を行う場合

　また、災害時等、直ちに主治の医師との連絡を行うことができない状況下においては、

必ずしも指示を受けることを優先する必要はない。ただし、指示を受けなかった場合は、後日、主治の医師に支援行為の内容及び要支援者の状況について適切な情報共有等を行うことが望ましい。

（5）要支援者が主治の医師の関与を望まない場合

要支援者が主治の医師の関与を望まない場合、公認心理師は、要支援者の心情に配慮しつつ、主治の医師からの指示の必要性等について丁寧に説明を行うものとする。

5．その他留意すべき事項

（1）公認心理師は、主治の医師からの指示の有無にかかわらず、診療及び服薬指導をすることはできない。

（2）本運用基準は適宜見直しを行っていくものとする。

との連携を保たなければならない」（法第42条第1項）とされているほか、「心理に関する支援を要する者に当該支援に係る主治の医師があるときは、その指示を受けなければならない」(同条第2項)とされている。

本運用基準は、公認心理師が法第2条各号に定める行為（以下「支援行為」という。）を行うに当たり、心理に関する支援を要する者（以下「要支援者」という。）に、法第42条第2項の心理に関する支援に係る主治の医師（以下単に「主治の医師」という。）がある場合に、その指示を受ける義務を規定する法第42条第2項の運用について、公認心理師の専門性や自立性を損なうことのないようにすることで、公認心理師の業務が円滑に行われるようにする観点から定めるものである。

2．基本的な考え方

公認心理師は、その業務を行うに当たって要支援者に主治の医師があるときは、その指示を受けなければならないこととされている（法第42条第2項）。

これは、公認心理師が行う支援行為は、診療の補助を含む医行為には当たらないが、例えば、公認心理師の意図によるものかどうかにかかわらず、当該公認心理師が要支援者に対して、主治の医師の治療方針とは異なる支援行為を行うこと等によって、結果として要支援者の状態に効果的な改善が図られない可能性があることに鑑み、要支援者に主治の医師がある場合に、その治療方針と公認心理師の支援行為の内容との齟齬を避けるために設けられた規定である。

もとより、公認心理師は、要支援者の状況の正確な把握に努めているものであるが、特に要支援者に主治の医師がある場合には、要支援者の状況に関する情報等を当該主治の医師に提供する等により、公認心理師が主治の医師と密接に連携しながら、主治の医師の指示を受けて支援行為を行うことで、当該要支援者の状態の更なる改善につながることが期待される。

なお、これまでも、心理に関する支援が行われる際には、当該支援を行う者が要支援者の主治の医師の指示を受ける等、広く関係者が連携を保ちながら、要支援者に必要な支援が行われており、本運用基準は、従前より行われている心理に関する支援の在り方を大きく変えることを想定したものではない。

3．主治の医師の有無の確認に関する事項

公認心理師は、把握された要支援者の状況から、要支援者に主治の医師があることが合理的に推測される場合には、その有無を確認するものとする。

主治の医師の有無の確認をするかどうかの判断については、当該要支援者に主治の医師が存在した場合に、結果として要支援者が不利益を受けることのないよう十分に注意を払い、例えば、支援行為を行う過程で、主治の医師があることが合理的に推測されるに至った場合には、その段階でその有無を確認することが必要である。

　主治の医師に該当するかどうかについては、要支援者の意向も踏まえつつ、一義的には公認心理師が判断するものとする。具体的には、当該公認心理師への相談事項と同様の内容について相談している医師の有無を確認することにより判断する方法が考えられる。なお、そのような医師が複数存在することが判明した場合には、受診頻度や今後の受診予定等を要支援者に確認して判断することが望ましい。また、要支援者に、心理に関する支援に直接関わらない傷病に係る主治医がいる場合に、当該主治医を主治の医師に当たらないと判断することは差し支えない。

　また、主治の医師の有無の確認は、原則として要支援者本人に直接行うものとする。要支援者本人に対する確認が難しい場合には、要支援者本人の状態や状況を踏まえ、その家族等に主治の医師の有無を確認することも考えられる。いずれの場合においても、要支援者の心情を踏まえた慎重な対応が必要である。

4．主治の医師からの指示への対応に関する事項
（1）主治の医師からの指示の趣旨
　　　主治の医師からの指示は、公認心理師が、主治の医師の治療方針とは異なる支援行為を行うこと等によって要支援者の状態に効果的な改善が図られないこと等を防ぐため、主治の医師と公認心理師が連携して要支援者の支援に当たることを目的とするものである。

　　　主治の医師からの指示は、医師の掌る医療及び保健指導の観点から行われるものであり、公認心理師は、合理的な理由がある場合を除き、主治の医師の指示を尊重するものとする。

　　　具体的に想定される主治の医師からの指示の内容の例は、以下のとおりである。
　　・要支援者の病態、治療内容及び治療方針について
　　・支援行為に当たっての留意点について
　　・直ちに主治の医師への連絡が必要となる状況について　等
（2）主治の医師からの指示を受ける方法
　　　公認心理師と主治の医師が、同一の医療機関において業務を行っている場合、主治の医師の治療方針と公認心理師の支援行為とが一体となって対応することが必要である。

このため、公認心理師は、当該医療機関における連携方法により、主治の医師の指示を受け、支援行為を行うものとする。

公認心理師と主治の医師の勤務先が同一の医療機関ではない場合であって、要支援者に主治の医師があることが確認できた場合は、公認心理師は要支援者の安全を確保する観点から、当該要支援者の状況に関する情報等を当該主治の医師に提供する等、当該主治の医師と密接な連携を保ち、その指示を受けるものとする。

その際、公認心理師は、要支援者に対し、当該主治の医師による診療の情報や必要な支援の内容についての指示を文書で提供してもらうよう依頼することが望ましい。

また、公認心理師が、主治の医師に直接連絡を取る際は、要支援者本人（要支援者が未成年等の場合はその家族等）の同意を得た上で行うものとする。

（3）指示への対応について

公認心理師が、心理に関する知識を踏まえた専門性に基づき、主治の医師の治療方針とは異なる支援行為を行った場合、合理的な理由がある場合は、直ちに法第42条第2項に違反となるものではない。ただし、この場合においても、当該主治の医師と十分な連携を保ち、要支援者の状態が悪化することのないよう配慮することとする。

なお、公認心理師が主治の医師の指示と異なる方針に基づき支援行為を行った場合は、当該支援行為に関する説明責任は当該公認心理師が負うものであることに留意することとする。

公認心理師が主治の医師から指示を受ける方法は、（2）に示すとおり、公認心理師と主治の医師との関係等に応じて適切なものである必要があるが、指示の内容には要支援者の個人情報が含まれることに十分注意して指示を受けることとする。

公認心理師は、主治の医師より指示を受けた場合は、その日時、内容及び次回指示の要否について記録するものとする。

公認心理師が所属する機関の長が、要支援者に対する支援の内容について、要支援者の主治の医師の指示と異なる見解を示した場合、それぞれの見解の意図をよく確認し、要支援者の状態の改善に向けて、関係者が連携して支援に当たることができるよう留意することとする。

（4）主治の医師からの指示を受けなくてもよい場合

以下のような場合においては、主治の医師からの指示を受ける必要はない。

・心理に関する支援とは異なる相談、助言、指導その他の援助を行う場合

・心の健康についての一般的な知識の提供を行う場合

また、災害時等、直ちに主治の医師との連絡を行うことができない状況下においては、

必ずしも指示を受けることを優先する必要はない。ただし、指示を受けなかった場合は、後日、主治の医師に支援行為の内容及び要支援者の状況について適切な情報共有等を行うことが望ましい。

（5）要支援者が主治の医師の関与を望まない場合

要支援者が主治の医師の関与を望まない場合、公認心理師は、要支援者の心情に配慮しつつ、主治の医師からの指示の必要性等について丁寧に説明を行うものとする。

5．その他留意すべき事項

（1）公認心理師は、主治の医師からの指示の有無にかかわらず、診療及び服薬指導をすることはできない。

（2）本運用基準は適宜見直しを行っていくものとする。

著者紹介

藤川　浩（ふじかわ・ひろし）
1961年生まれ。駿河台大学心理学部教授、同大学心理カウンセリングセンター長。公認心理師、臨床心理士。京都大学教育学部卒業後、最高裁判所、裁判所職員総合研修所、東京家庭裁判所等において家庭裁判所調査官及び裁判所事務官として勤務。この間、筑波大学大学院教育研究科修士課程修了、大正大学大学院人間学研究科博士後期課程中退。2022年より現職。
主な著書・訳書に『統合的心理臨床への招待』（共編、ミネルヴァ書房）、『少年非行の行動科学――学際的アプローチと実践への応用』（共著、北大路書房）、『新家族法実務大系1』（共著、新日本法規出版）、『京大心理臨床シリーズ1　バウムの心理臨床』（共著、創元社）、『アルバート・エリス　人と業績――論理療法の誕生とその展開』（共訳、川島書店）がある。

心理職とはどんな仕事か
公認心理師の職責

2025 年 4 月 10 日　第 1 版第 1 刷発行

〈著　者〉　藤川　浩

〈発行者〉　矢部敬一

〈発行所〉　株式会社 創元社

本　社　〒 541-0047　大阪市中央区淡路町 4-3-6

電　話　06-6231-9010（代）

ＦＡＸ　06-6233-3111（代）

東京支店　〒 101-0051　東京都千代田区神田神保町 1-2 田辺ビル

電　話　03-6811-0662（代）

https://www.sogensha.co.jp/

〈印刷所〉　株式会社 太洋社

装幀・本文組　野田和浩

©2025 Printed in Japan
ISBN978-4-422-11834-5　C3011

〈検印廃止〉
落丁・乱丁のときはお取り替えいたします。

JCOPY　〈出版者著作権管理機構 委託出版物〉

本書の無断複製は著作権法上での例外を除き禁じられています。複製される場合は、そのつど事前に、出版者著作権管理機構（電話 03-5244-5088、FAX 03-5244-5089、e-mail : info@jcopy.or.jp）の許諾を得てください。